名古屋の栄さまと「得月楼」

父の遺稿から

寺田繁

鳥影社

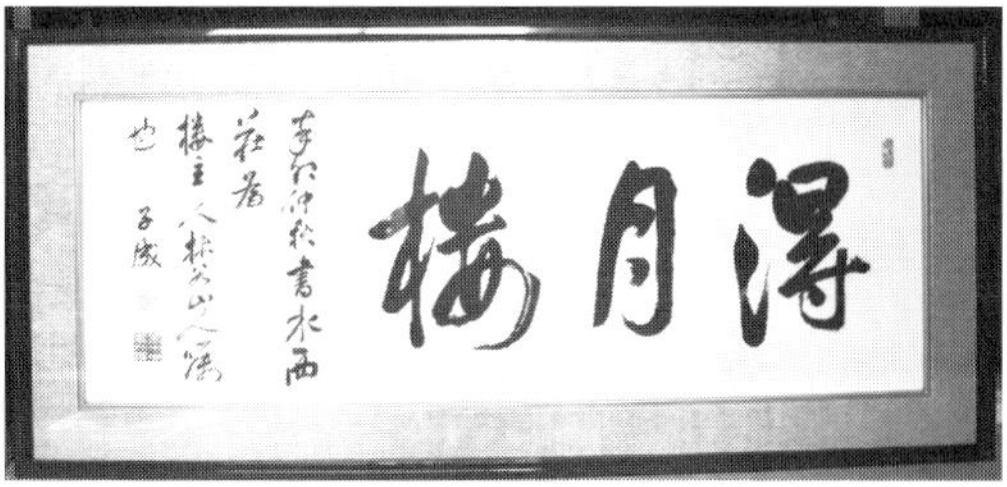

頼山陽がしたためたとされる扁額
（写真提供：寺田　繁）

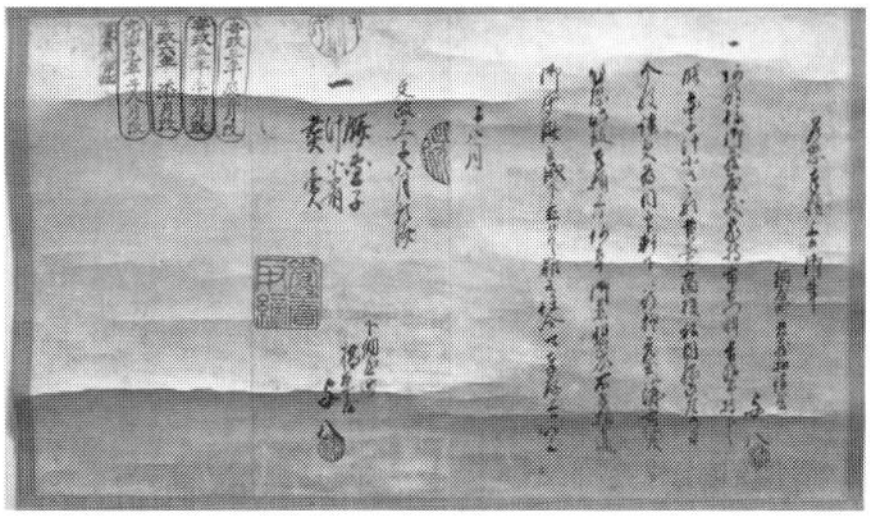

「橋本屋」開業を届け出た願書
（写真提供：寺田　繁）

旧納屋町の通りから見た在りし日の
得月楼（鳥久）
（写真提供：石浦　薫）

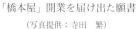

栄一の師・久保田万太郎
三島由紀夫作「むすめごのみ帯取池」
本読み時
昭和29年、名古屋・御園座
（撮影：後藤　重弘）

文学座の集まり。右から　中村伸郎、杉村春子、里見弴、水木洋子、
栄一、中川竜一
（写真提供：寺田　繁）

文士劇・風流座「菅原伝授手習鑑〜寺子屋の段」
右・栄一　中央・繁　左・上野　千秋
(写真提供：寺田　繁)

NHK ラジオ「俗曲玉手箱」録音風景
(写真提供：寺田　繁)

目次

名古屋の栄《えい》さまと「得月楼《とくげつろう》」

父の遺稿から

【前口上】

酔うほどに饒舌、懐かしさを面《おもて》に漂わせて語ったのは滝沢修だ。

「名古屋は青春の地ですよ。十九か二十、美少年のころ栄《えい》さまにブドウ酒……シャンペンと本格的な飲み方を教わったすえ、すごいベッドに寝かされた」

前年に旗揚げされたばかりの劇団民藝。両輪の片方、重ちゃんこと宇野重吉が合いの手を入れる。

「カーマスートラを読まされたって話かい」

「いけねえ、ご婦人がいる。三十八度線を越えないでおこうね」

時代背景が透けて見える座談会は、昭和二十六年四月の中日ウイークリー「春の宵　新劇俳優　大いに語る」。

ご婦人とは、タカラヅカから新劇に転じた小夜福子。舞台女優とはいえイメージが大切なのか会話は控えめだが、それでも神戸港に停泊中のフランス船を見物の折、シャンペン三杯で腰を抜かした逸話を披露している。役者が開けっぴろげなら紙面も応えてユーモアに溢れ、昨今ならワイドショーや週刊誌が放っておくまい。

滝沢が話を進める。

「寺田さんには酒と、それから性典」

宇野が再び切り込む。

「実行の方は……」

司会者が慌ててストップをかけた。

「それは秘密だ」

司会者――往年の名優はもとより、文学座を牽引し続けたカリスマ女優、杉村春子さえもが敬愛の念を込めて〝名古屋の栄さま〟と呼んだ人こそが私の父、寺田栄一である。

二百三十万を越える人口に膨れ上がった名古屋市。大都の真ん中を北から南に貫くのが堀川だ。

父は、この川端の名門料亭「得月楼《とくげつろう》」の六代目に生まれながら小山内薫に私淑して築地小劇場の客員となり、新劇、歌舞伎、新派の役者、のみならず文壇、画壇の重鎮たちとも親交を深め東京と名古屋の文化を繋ぐ役割を果たした。鬼籍に入って間もなく半世紀になろうとする今、足跡を記すのは長男の義務かもしれぬ。実際、俺の書いたものをまとめて出版してほしい、それは父の遺言であったと受け止めている。さりとて父が新聞や雑誌に書き散らしたあれこれをスクラップブックのまま順繰りに並べても能はなかろう。で、小山内の名作「息子」一幕にも想いを馳せ、私——息子なりに寺田栄一を綴ってみたい。

　悩んだのは表題である。父を語るに相応しい幾つかの言葉が私の脳裏を過《よぎ》ったが、滝沢修や杉村春子らがそう呼んだ通り、あるいは東京や鎌倉で一流の仕事をして文化史に名を刻んだ人たちからも〝名古屋の栄さま〟と親しまれ、花柳界では「得月」の若旦那、地元の名古屋を本拠地とする芸術家、活字媒体やラジオ関係者、戦後はテレビ局の幹部からも栄さま、栄ちゃんと声を掛けられていた父だ。そんな訳で、主《あるじ》だった「得月楼」と併せこれを用いることに決めた。

　ただし、私たち家族は旅立つまで「お父ちゃん」で通し、家に居る時のだらしない姿も目にしてきた。そんな普段着の父も敢えて隠さぬつもりだ。事実、それほどの人格者ではなかったと、息子は受け止めている。「先生」と立てられるばかりが寺田栄一ではなく、人間臭さも晒したいと思うのである。

【一幕　一場】

名古屋の目抜き通り、広小路。堀川に架かる納屋橋の西南詰をさらに南へ三十メートル。平成二十六年十一月二十二日、未明。

何かが爆ぜるような音で高山喜久代は目を覚ました。当時八十六歳。窓を開けると南隣の料亭「鳥久」の換気扇から猛々と煙が噴き出している。

けたたましくサイレンを鳴らし消防車が次々に走り来て、納屋橋一帯は騒然となった。「鳥久」は全焼。南のビルの壁面も焼け焦げた。木枯しが吹く時季だけに炎は川へ向ったのだろうか。中村署は放火と断定した。

喜久代は昭和二十一年、新婚の夫、常隆と「高山額縁店」を開いた。我が家が在ったのは「鳥久」の正面、額縁店の斜向かいだ。私が生まれたのは二十三年一月。次いで三月、額縁店に一人娘のやよひが産声を上げた。旧仮名がいかにも終戦直後、おしめを着けたガールフレンドである。その後、我が家が昭和区の八事に越した四十年ごろを境に周辺は著しく様変わりし、喜久代は納屋橋界隈の住人のうち古株の一人になった。

件の火事である。古い建物ゆえ残したいと主張する河村たかし名古屋市長、かしわ料理では最早、商売が成り立たない、マンションに建て替えを望む運営会社の竹中均社長が真っ向対立。埒が明かぬと竹中が強引に自らの手で解体へ踏み切った矢先の出火だった。

古いから残したい。実際、近くには名古屋の歴史を語る時に必須の四間道《しけみち》、これを象徴する白壁の土蔵や屋根神様も昔のままにある。だが「鳥久」の場合、古さだけを存続の理由に挙げるのは――それで片付けたくはない。「得月楼」にまつわる、もっと文化的なことどもを詳らかにすべき。息子の私見だ。

あの建物は終戦直後まで我が家の所有、正確には父、寺田栄一が世帯主だった。タケノコ生活と表すにはあまりに贅沢だが、土地、建物ごと八十万円で売った相手が加藤英子といい、彼女が「鳥久」に模様替えして、かしわ料理店となった。で、父や祖母は向かいに居を移した次第。だが、ここも借家ながら部屋数は十四、五。女中部屋が用意されており、ちょっとした広間はもちろん、風情たっぷりの庭すら設えられていた。私が高校三年の晩秋までを過ごしたこの家は上得意だけに用いた「得月楼　西座敷」――父の話である。

「得月楼」は、太平洋戦争が劣勢に陥り空襲の恐怖が身近に迫った昭和十九年まで「河文」と双璧の名門料亭。それも政財界御用達というより文化人のサロンの色合いが濃く、座敷では芸術に携わる人々が華やかな宴を繰り広げたのだった。

放火の被害に遭った竹中は加藤の後、一、二、転売されて「鳥久」のオーナーになったのではなかったか。
「得月楼」の創業は文政十一（一八二八）年。納屋橋の袂に店を構えたことから当初は「橋本屋」の屋号で藩に届け出ている。願書によれば——吉次郎なる人物から小魚の煮物を売る権利を譲り受けたので許可を頂きたい、かような内容だ。さらには餅団子、汁も営業品目に入っていた。届け出た名前は与八とあり、のち輿八と称するようにもなるが、時代に鑑みれば旧字の輿八が正しかろう。近辺の者だったか他所から来たかは定かでない。

「得月楼」を語るとなれば、まず、古い名古屋の町々に触れておく必要がある。父が何を思ったか、何が目的だったのかまるで分からぬが埃を被ったスクラップブックの合間から「名古屋の今昔」という小冊子が見つかった。わら半紙にガリ版刷りの六ページ。〝郷土資料〜寺田栄一記〞とある。専門の史家たちが散々、調べ、書き尽くした中にあって、これは昭和三十年を過ぎた頃、父が記憶を頼りにまとめたらしい。ガリ版だから鉄筆を使った文字は誰のものか分からない。でも、文体には寺田栄一らしさが滲んでいる。そう断って概要を紹介しよう。

小山内の後、父が師と仰いだ久保田万太郎。その久保田が泉鏡花に学んだことから、小冊子はまず、こんな光景で幕を開ける。
●……「されば硝子の窓越の、ステイション前なる広場も、白く海の如くに似て二層三層の高楼にちらほらと、電燈の沈んだ色の揺《ただよ》ふさへ、暗夜の潮の輝く、風情……」
鏡花の「紅雪録」に出てくる名古屋駅前の雪の夜更の描写である。時は明治三十六年ごろか。二層三層の高楼が駅で、名古屋の一、二を競う大建築物だったのである。

久保田万太郎先生の俳句にこんなのがある。

大駅の灯をちりばめて凍つるかな

駅から広小路をまっすぐ東へ行くと、柳橋の交叉点、ここに、江川という小川が流れていて、それにかけられた橋の名が柳橋。それがいつの間にか埋立てられて橋の名は、所の名としてのみ残されるようになってしまった。

これより、約二丁ほど歩を東へ運ぶと納屋橋がある。この橋——大正二年五月、現在の洋式のものにかけ代わるまでは木造のペンキ塗で、その下を流れる堀川の水も美しく……。

広小路の賑かな部分といえば、桑名町から栄町の十字路あたりまでだった。堀田、大和屋などという用品店には、イタリヤのボルサリーノの帽子、英国のエガァ襟巻、それにマァゲットソンの品々が並んでいたし、勝利亭、日曜軒などという西洋料理店があって、その前を通ると、いつもカレーを煮込んでいる香りがプーンと漂っていたものだ。

また、呉服屋の柏信、貴金属の柏屋本店の店先に電灯に混ってガスのマントルが放つ青白い光を浴びて、縞の着物に小倉木綿の角帯、前掛姿の番頭、手代、小僧が並んで座って客と応対しているさまも、なつかしい思い出である。

このほか、広小路のむかしを語るのに「いとうさん」と、「中央電気館」を忘れてはいけない。

「いとうさん」というのは、松坂屋のことである。明治四十三年、栄町の交叉点の西南角に三階建のデパートを初めて開業したのである。その頃は「いとう呉服店」という屋号だったのであるが土地の人々はなにしろ、名古屋随一の金持の伊藤次郎左ヱ門さんが始めたデパートメントストアなので「いとう呉服店」なぞと呼捨てにしては失礼とばかり「いとうさん」と、さんづけにしたものである。全館畳敷きで、下足を預って上るのである。それでも、どうしたわけか靴だけは脱がないで、黒い布に白線が一本はいったカバーというものをはかされた。口がゴムになっている袋のようなものだが、夢中になって歩き廻っていると、知らぬまに脱げているのには閉口したものだ。

「中央電気館」というのは、明治の末にできた活動写真館で、本町と住吉町の間、いまの広小路劇場のあたりにあった。ここで、わたくしは、尾上松之助を初めて見た。

戦災で大須の最大の損害は、観音さまの炎上である。これあってこその大須という名が有名になったのであるが、戦後建立されたのは、なんと、博覧会の台湾館のそれの如く、堂内でウーロン茶でも飲ませそうである。大正十三年までは、この堂の裏手一帯は、俗に新地と称する旭遊郭、仁王門の前の通りは浅草の仲見世よろしく商店が軒を並べ、本町通に出れば、今泉動物園というのがあって、熱田神宮西門まで、円太郎馬車が通っていた。それでも仁王門通りはむかしのごとく復活し、ここの草分けともいうべき、小間物屋の大門屋、明治四十三年ごろは一竿三銭で丁稚でも兵隊でも一本丸ごと買ってかじれるというので丁稚羊羹の名がある青柳羊羹、眼鏡屋の井上なんかが店を並べているのは喜ばしい。

この裏通りの料理屋のハチス、宮房、庶民的なところで境内の天婦羅屋の「ハバ天」も昔ながらの店である。

あの見事な城も焼けてなくなってしまった。しかし、この城跡がまた、なかなかいい。早春梅の花のころはことにいい。城跡の落ち着いた静けさ――これにコンクリートのお城なんか建てられたら、もうおしまいである。どう苦心したところで徳川時代と寸分違わない芸術品はできっこないからである。名古屋城が見たくなったら、あの城跡にたたずんで、じーっと目を閉じれば、自ずと瞼の中に、あの美しい城の姿が夢の如く浮かんでくること疑いなし……もし、高いところへあがりたくなったら、テレビ塔へ登ることである。名古屋城より、はるかに高いんだから……。

「名古屋の今昔」の通り、大正二年、納屋橋が従来の木造から鉄製のアーチ形に替えられ、竣工式が行われたのは、父の誕生日にあたる五月五日。三蔵尋常小学校の三年生に進級した端である。六万人の見物客があったと伝えられ幼い父も、その一人だった。

大正２年　鉄製に改造された納屋橋
今尚その姿をとどめる

式には、橋の近くで商いをしていた二軒が選ばれた。和菓子を扱う「伊勢屋」と、うどんの「三和辨」だ。両家とも当時には珍しく祖父母夫婦、当代夫婦、若夫婦が健在、めでたい渡り初めにうってつけと判断されたのだろう。それぞれが鎌倉、徳川、大正の三時代の服装で臨み、「いとう呉服店」の音楽隊が先導した。

これを機に「伊勢屋」は「納屋橋饅頭」とのれんを変え、酒饅頭を主力商品に販売。「三和辨」も西に店舗を移したものの「長命うどん」の名でなお商売を続けている。

工事を手掛けた土建屋「栗田組」の棟梁が、現在、名古屋をフランチャイズに活躍している日本舞踊家の花柳朱実の曾祖父である。朱実は御園座などに子役で出演していた経験をもち、このため界隈に執着も抱いていようし、地元愛も強い。中部花柳流の中枢を成す活躍である。

尾上松之助は明治から大正にかけて活躍した活動写真の俳優で、我が国最初の映画スターと言って良い。時代劇が多く、大きな目で見得を切るシーンが受け〝目玉の松ちゃん〟の愛称で親しまれた。父は未だ子供だっただろうから存外、演出、特撮はお粗末でも松ちゃんが忍者に扮したトリック映画に興奮したかもしれない。

円太郎馬車……大須の隆盛が偲ばれる。乗合馬車を指し、明治十年ごろ、噺家の橘屋円太郎が御者の真似をして評判をとったことに由来する。


昭和三十年ころに父が本稿をしたためたとしても既に六十五年が過ぎている。名古屋の発展は驚異であり、今や東部丘陵地は藤が丘まで市営地下鉄が延び、その先、長久手市も名古屋並みの商業、住宅地。他方、これも山林でしかなかった八事は、我が家が納屋橋から引っ越してきた昭和四十年当時はともかく、のち地下鉄が敷かれた上に名鉄電車で豊田市駅に繋がれば、逆方向も同じく上小田井から名鉄で犬山へ。南は埋め立てられて金城埠頭。隔世の感とはこのことだ。

父が卒業した三蔵尋常小学校は、その後、白川尋常小学校と統合されて栄小学校となり、ここは私の母校。父子で先輩後輩であり、父より少し早く、白川小学校の方を出たのが江戸川乱歩である。

江戸から昭和に至る料亭事情も大切な要素だ。幸いエッセイストで装丁家、ジャーナリストだった亀山巌が版元の名古屋豆本「荒川ふく小伝」に父が細かく記している。荒川ふくは明治を代表する名妓。江戸小唄を名古屋に植え付けた、その道の恩人でもある。玄人相手の遊びにうつつを抜かした父の、最初で最後の著作が芸者の一代記とは。この豆本に私の少しばかりの知識を加えて、往時の料亭あれこれを再現してみる。

父は、広小路を中心に大須を加えて「名古屋の今昔」を書き残したが、他方、納屋橋から五条橋にかけての南北、堀川を遡る両岸も、もう一つの賑わいの場。昨今、若い人たちがアートを繰り広げ注目を浴びている円頓寺商店街の象徴が五条橋である。いっとき寂れたものの彼の地は大須と共に戦前戦後の名古屋を代表する繁華街だった。この南北の道と、周辺がキーポイントになる。

堀川は名古屋城の築城にあたって造られた運河である。宮の渡し、もっと広く捉えれば名古屋港、伊勢湾から様々な物資が運ばれ水上交通の要として周辺も発展した。ために納屋橋から北にかけての東側は材木問屋が軒を連ね、木挽き職人の家も多くあった。西側は魚屋をはじめ米、塩、干し魚、乾物などを扱う店々。料亭が仕入れる魚介類は下流に位置した熱田の漁業関係者の認可が必要だったと推測できよう。ちなみに納屋橋の西北は船が楽々と航行できることから船入町、逆に私のふるさと——橋の西南は舟道具を仕舞う納屋が並ぶ納屋町、南へと歩いて天王崎橋を越えれば船頭たちの住まいが集まり水主《かこ》町と称されていた。いずれもが由緒ある町名。

「得月楼」が煮魚の販売をお上に届け出たごとく、魚、煮物、焼き物、椀物を膳に載せて供する料亭が川筋を中心に林立したのは、だから当然である。夕暮れを待ちかねた材木屋の旦那衆は大番頭に仕事を任せ、料亭に繰り込んでは芸者をあげた。

数々の料亭は、堀川の東北に集まっていた。小田原町、西魚町、東魚町……これらをまとめて、魚の棚。〝ウオンタナ〟と訛って発音するのが名古屋人の粋、とも。ここに元禄十四（一七〇一）年からあった大きな料理屋が小田原町の河内屋文左衛門「河文」だ。続く古い家は、昭和になって店を閉じてしまった近江屋直吉の「近直《きんなお》」、同じく西魚町の御納屋仁右衛門「御納屋」、大野屋又兵衛「大又《だいまた》」。この料理屋は「河文」の真向かいに堂々たる構え。

土地では魚の棚四軒と立てたそうな。

ほかに、西魚町の魚屋半兵衛「魚半《ぎょはん》」、やがて昭和区山中町に移転し、私たちも直ぐ傍に越すのだが、旅館に衣替えして後、いつしか姿を消した。さらには小田原町の「河弥」、長者町の「河喜」、下長者町の「春秋楼」などがあったらしいが詳しく判らないのは代替わりだけでなく廃業して随分な時間が流れてしまった所為である。

「橋本屋」が暖簾を掲げた納屋町は料亭がひしめく一隅。創業者が輿八ゆえに「橋輿」とも呼ばれたが、わずか三年後の天保二年、「得月楼」に改名したのは、座敷に遊んだ頼山陽が促したからだと伝えられている。堀川に映る月を眺めた山陽が《水に近きところ必ず月を得るの高殿あり》の漢詩を引き合いに出して輿八を説得した。私自身、父から教わったし、郷土史家も同様の説を発表。物証と呼べるかどうか、山陽がしたためたとされる扁額も現存してはいる。

私が疑問を抱いたのは見延典子の長編小説「頼山陽」がきっかけだ。著作によると山陽は寛政九（一七九七）年、江戸の昌平坂学問所へ向かう際に東海道を歩いているが、翌十年、復路は中山道を使った。その後、文化十（一八一三）年に名古屋の医者で書家の小林香雪を訪ねているものの香雪は「橋本屋」より八年も前の文政三（一八二〇）年、故人となった。

山陽は本来、広島藩の学者であり漢詩人である。京都で私塾ともいえる「水西荘」を開き「日本外史」を完成させた。弟子で愛人だった江馬細香が住む岐阜の大垣までしばしば足を運んだのも定説だ。つまり、これら三か所が行動の拠点であり、果たして知人がいなくなった名古屋を訪れる謂われはあるのだろうか。山陽は約一年後、労咳で世を去っている。広島の「頼山陽史跡資料館」にすがるほかない。手紙を送り、さらに扁額の全容と落款のアップなど数葉の写真を添付でメールしたところ、すぐさま花本哲志主任学芸員から手紙が届いた。電話で幾分の遣り取りをした末ひとまず、まとめらしき段階に至ったので以下、氏の意見などを柱に考察を試みよう。

天保二年の山陽を辿る。

二月　奈良・月ヶ瀬に観梅。

三月　京都・嵐山

四月、九〜十一月　母を見舞うため広島へ。

十一月　帰途、姫路で講義。

十二月　京都に戻る。

落款には、〈辛卯仲秋〉とある。天保二年八月を指す。母の見舞いで九月に広島へ立った山陽が前の月、名古屋に赴いてのんびり「得月楼」に遊んだとは考え難い。文化十年以降、尾張を訪れていないことも資料館で確認済みだ。

〈水西荘〉の款記には引き続き〈林谷山人〉の四文字がある。篆刻家で漢詩人、画家の細川林谷だろうと指摘を受けた。山陽の印を多く手掛けた人でもあり、注目すべきは林谷の動向になってくる。

林谷は天保二年七月、尾張国に入った記録が残っている。それから大阪に向かい、のち江戸に戻るのだが、「頼山陽全伝」を紐解くと帰路、京都には寄っていないとみられる。林谷が尾張に滞在中の八月、「橋本屋」の輿八に頼まれ、恐らく山陽に書簡を送って揮毫を求めた可能性が高い。

「大広間に書を掲げとうごぜゃあます。誰ぞ高名な先生を紹介してちょうでゃあせんかなも」

林谷の頭に頼山陽が閃いた。扁額に「楼主人」とあるだけで輿八の名は無い。山陽と輿八に面識はなく、したがって落款には「楼主人」としか書けなかった。こう受け止めるのが最も理に適う。

ひと口に揮毫と言っても様々な考え方がある。「得月楼」の命名と揮毫の両方を林谷が山陽に依頼したのかどうかだ。

林谷が「橋本屋」に上がり堀川に浮かぶ月を見てその名を思い立ち山陽に伝えた。もしくは情景だけを山陽に伝え命名は山陽に任せた、どちらにせよ名古屋、納屋橋に居なくとも山陽が揮毫することは可能で、ほぼ間違いない推理だろう。もとより輿八に漢詩の素養はあるまい。

では、本当に京で山陽がしたためた扁額なのか。布置、用筆法、筆勢・筆脈……真贋は書の専門家、それも複数に鑑定を仰ぐしかない。ただ、「私個人の印象」と断った上で花本から次のようにメールが送られてきた。

《月》の字がいささか気になります。少し緊密感に欠けるのではないか、と――。

なんとも微妙だ。依頼を受けて一年も経たぬ天保三年六月に山陽は喀血し、九月二十三日、死去している。バランス感覚に優れた書と定評があった山陽とはいえ当然、この時期なら日によって発熱くらいは普通、肋骨の痛みほか労咳の症状が筆先を狂わせた……やはり鑑定に委ねるしかない。

にしても、頼山陽が座敷に上がり改名をアドバイス――話がまことしやかに独り歩きしたのは時代背景にもよろう。コンプライアンスが喧しい昨今と違い何しろ江戸だ。客寄せを目的に輿八が誰かに揮毫を頼み、あたかも山陽本人が訪れ堀川に浮かぶ月を愛でたとでっち上げ広めたところで、咎められはしまい。そもそも藩に届け出た願書の通り小魚の煮物や餅団子を売る店が〝高殿〟とはおこがましく、「河文」などに伍してビジネスを展開していく上ではロコミによるCMが不可欠。そう解釈するものである。

「得月楼」は明治十七年、大掛かりな改築を行っている。新装なった名門の面影を偲ばせていたのが「鳥久」だが、初めて「得月楼」を訪れた文人は坪内逍遥だろう。「小説神髄」を著したのが十八年。執筆を終えた直後、そして「得月楼」も改装を済ませたばかりだ。飛躍して考えれば、一息いれたくなった逍遙の頭に名古屋、ことに納屋橋が浮かび〝里帰り〟になった。

岐阜の美濃加茂に生まれた逍遥は、明治維新を機に十歳で名古屋の笹島村へ引っ越してきた。やや離れてはいても彼の地は本来、尾張藩領で父は太田代官所に勤める手代だったから〝転勤〟はごく当たり前である。

名古屋で青春を送ったのは愛知外国語学校、現在の県立旭丘高校を卒業する明治九年までだ。

逍遥の「私の寺子屋時代」を要約すると次のようになる。

●……海は南へ約一里に伊勢海へ続く尾張湾を控えていた。人工の河が一本あるだけだが名古屋としては、街を貫いて流れる最大の水。やや河下には桜の老木がなかなか見事で、江戸の向島を思わせる。私が十一、二から十四、五までは父母と共に屋形船に乗り観に行った。また沙魚釣りが父の年中行事の一つだったので年に二度以上、家族一同、大勢の時は縁者や出入りの者を合わせ、二艘仕立てで下った。

逍遥は外国語学校で米人教師、レザームに出会い、歌舞伎とは違う演劇を知った。シェークスピアである。傍ら長島町、今の中区錦二丁目にあった大きな貸本屋、四代目大野屋惣八の「大惣《だいそう》」にも足しげく通い江戸時代の草双紙や戯作をむさぼり読んだという。

「少年期に観た歌舞伎の追憶」に、こう記している。

●……大惣は私の芸術心作用の唯一の本地、心の故郷であった。

愛知外国語学校を卒業した逍遥は東京開成学校、東京大学予備門と進み、東京大学文学部政治科を経て、早稲田大学の前身である東京専門学校の講師になった。そして早稲田の演劇仲間、市島春城、岡山兼吉と「三友会」を結成、京阪への旅の途中などに「得月楼」へ立ち寄った。春城の随筆「得月楼の追憶」に、こんなくだりがある。

●……鰻の蒲焼を下物に、杯をあげたのが、吾等の旅行中最も愉快に感じたことである。

店名に関心を持った春城は二階に上がり膝を打つ。川にもやってある舟を見、次いで川の上に目を移すと満月が出ている。楼名の謎が解けた。けれど春城も、なまじ漢学の才があるだけに――。

山から湧き出る一般的な河川と違い堀川は、城と海を結ぶ運河だから潮の満ち引きに伴い南北に流れが変わる。それでも水が透き通っていたのは事実らしい。父、寺田栄一も若い時分、堀川バエという小さな魚が獲れ、あるいは子供たちがタモでフナを掬っていたと言い、下流に位置する南区氷室の筏師も逍遥と同じく、ハゼが釣れたとの証言を残している。父はまた春の川面に浮かぶ桜の花びら、そして夏ともなれば納屋橋の欄干や筏から、界隈の商店で働く若い衆が下帯姿で、あるいは素っ裸の男の子たちが飛び込む光景も記憶していて、それぞれが季節の風物詩だったと語ってくれたものだ。

「得月楼」の板場には、立派な井戸があった。調理が目的だったかは別として未だ汚れや濁りに縁遠い、澄んだ水ではあった。

平成四年、愛知教育大学名誉教授で文学博士の水野時二が、名鉄電車発行の「行楽と文化」四月一日号に載せた記事によると、この井戸、養老山地は岐阜南濃町上野の河戸で採掘された、硬いことが特徴の「河戸石《こうず》」で組まれており、名古屋城にも使われているという。揖斐川から船に積み込まれ堀川を上ってきた河戸石は、調理場の床全体にも敷き詰めてあった。

私が小学校五年の頃だったか、親の目を盗んで高山額縁店の脇をすり抜け「鳥久」の裏手に回ったところ、コンクリートで固められた川縁に鉄の輪が二つ埋めてあるのを見た。箪笥の引き出しなどに使う鐶《かん》のごついヤツで多分、舟を繋ぐために打ち込んだのだろう。「得月楼」では明治二十二年、店で舟を使いたいと市に願い出ている。熱田から直接、魚を仕入れるのに入用だったほか、舟で座敷にやって来る粋な客も少なからず居て、客や荷を店へ移すため鐶に括り付けねばならなかったのだ。

「鳥久」の内側に二、三度、足を踏み入れたのも納屋町に住んでいた頃だ。一階奥の廊下より川岸へと降りる階段が私の裡にある。「得月楼」は納屋町の通りから見れば二階建て、堀川からは三階建ての造りになっていた。

ユニークな料亭には逍遙のほか、川上貞奴も興じた筈だ。

貞奴は伊藤博文や西園寺公望にも可愛がられた名妓。自由民権運動家で書生芝居「オッペケペー節」などの川上音二郎と結婚したが、明治四十四年に音二郎が亡くなると女優業から引退し、電力王の福澤桃介と結ばれた。

桃介は、慶應義塾在学中、福沢諭吉の婿養子に迎えられた人だが、いち早く電気事業に着目。明治四十三年、名古屋電灯を買収して、のち、社長に就任。木曽川などの水力開発を手掛け、大同特殊鋼の前身である大同電力の初代社長を務める一方、大井ダムの建設にも乗り出した。

桃介が名古屋市内に関り深いのは当然で、東区に和洋折衷の別邸を建ててもいる。〝文化のみち〟と名付けられた一帯に、改装されて現存する「二葉館」だ。

貞奴を登場させたのは、通称「二葉御殿」に、子どもの頃の栄一が出掛けているからだ。

「得月楼」の番頭、もしくは、それに近い奉公人がデリバリーに向かう際、父もついていったらしい。仕入れにも使う専用の車があったのだろうが、タクシーを利用したと考えられなくもない。料理を取り寄せるくらいだから桃介、貞奴も「得月楼」の暖簾を潜った、どころか常連だったと受け止めていい。

噂だが後藤新平も「得月楼」を訪れたと口にする人がある。

岩手県出身の後藤は明治十四年、二十四歳の若さで愛知医学校の校長兼病院長の要職に就いた。名古屋大学医学部である。病院と学舎は天王崎橋を東に渡った洲崎町、中区栄一丁目に建っており明治十八年、恩師を含む数人が「得月楼」で第一回学友大会を催している。師弟が胸襟を開いて語り合う宴席は毎年の恒例行事になった。後藤の出欠は判らぬが、医学校の校長で、病院長なら色々な機会に「得月楼」を利用してはいよう。逍遥の〝里帰り〟と同時期、建物の大改装をした前後にあたる。ただ、時代を考えれば、後藤のフランチャイズは大須である。

東京に戻った後藤は医学から離れ、台湾総督府民政長官、満鉄初代総裁、逓信、内務、外務の各大臣を歴任、東京市長など政治家の道を歩むが大正十四年、日本放送協会の初代総裁を命じられている。三月にＮＨＫ東京がラジオの本放送を開始。次いで五月に大阪、七月に名古屋が電波を発した。名古屋の局舎は外堀通り、円頓寺の象徴、五条橋の一つ北に架かる景雲橋の先に建てられていた。愛知医学校から数えて四十年余。もし名古屋の記念式典に顔を出していたなら、終了後、川を下って久々に「得月楼」へ。時は移り、主は寺田栄一……あくまでも空想だ。

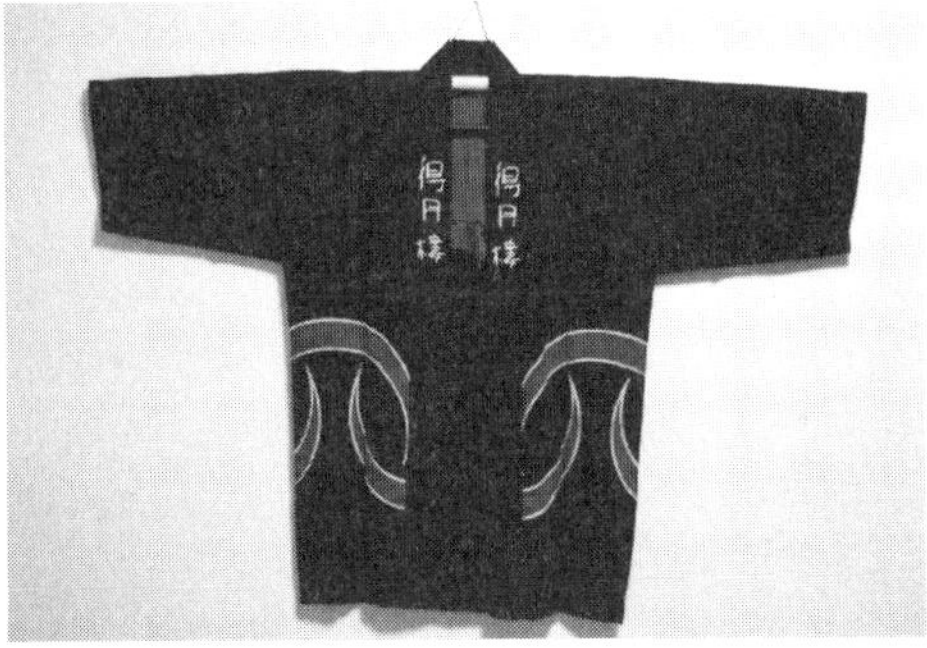

「得月楼」の使用人が着た半纏

「得月楼」の萬事留
（雑記帳のようなもの）

新しい納屋橋の竣工で触れたが、栄一が生まれたのは明治三十七年五月五日。端午の節句にも拘わらず武道、軍事教練はもとより、運動神経ゼロの子どもだった。赤子を取り上げたのは洋画家、宮田重雄の父の杵雄である。宮田家は十三代続く尾張徳川の御殿医で祖父の代に漢医から欄医に転じ、しかも杵雄は産婦人科。診療所、住居とも船入町にあり「得月楼」とは目と鼻の先に位置していた。栄一が〝海老子〟であったとは宮田の弁。詳しくは不明だがエビコとは、手足を伸ばしたまま子宮内に宿る胎児で、逆子とも違うらしい。

「寺田はさあ、俺の親父がいなかったら、この世に出なかったんだぞ」

難産には違いなかった。宮田がジョークを飛ばせば、互いに〝竹馬以前の友〟と笑い合う仲だった。

明治三十三年生まれの宮田は周辺でも有名なガキ大将。四歳下、おまけに気が弱い栄一は後をついて走り回る子分だった。遊び場は名古屋監獄の跡で、監獄が吹上に移転し、申し分のない空き地が広がっていた。その後、ここには名宝会館が建つ。父によれば、名宝と朝日新聞の社屋が広小路の風景を一変させたとか。

宮田は慶応義塾大学の医学部に進む。医者の息子だったため家業優先という事情。在学中にフランス語で〝若い画家〟を表わす絵画部「ジュヌ・バントル」を創立し、第一回春陽会に出品して入選。二足の草鞋を履くことになる。

昭和八年、東京都下の田無市に建つ「中島飛行機製作所田無病院」に勤務したのは、日中戦争が背景に在ったからか。やがて院長職に就く一方、梅原龍三郎のもとで、より画才を発揮、杉本健吉、伊藤廉とともに「国画会」三人男の異名をとる。寺田栄一が絵筆を握る趣味を持ち、東京の画壇へも人脈を広げていった背景には宮田の存在が欠かせないし、栄一にあらゆる影響を与えた一人が宮田である。戦後は藤倉修一アナが司会を担当したNHKラジオの人気番組「二十の扉」で作詞家の藤浦洸、探偵小説作家の大下宇陀《うだ》児《る》らとレギュラー回答者を務め、成瀬巳喜男監督の「石中先生行状記」に主演するなど、映画でも活躍。個性的で多才な人だった。

時計を巻き戻す。宮田が十三歳、栄一が九歳の大正二年、船入町の医院は南長島町、中区栄二丁目に越して付き合いはいったん、疎遠になった。ところが大正の末、夏休みで帰省中の宮田重雄と、築地小劇場の客員に収まりハンチングを被って銀ブラに倣い広ブラを楽しんでいた新劇青年、寺田栄一はばったり再会。昔の遊び仲間――愛知一中で宮田の一年上の伊藤、もう一年先輩でやはり絵描きの佐分眞、医師の青井東平との付き合いが復活する。

青井と宮田は幼稚園の同級生。栄一に次ぐ幼馴染である。名古屋医科大学のOBで「名古屋大学医学部九十年史」の編纂に携わった。後藤新平とも繋がりがある訳だが、むしろ画壇の大御所、三岸好太郎が名古屋で亡くなった翌日、デスマスクをとった人として美術界では知られている。

佐分は川端画学校の夜間部を経て東洋美術学校、のちの東京藝大に進んだ。二度にわたり渡仏した縁で藤田嗣治、佐伯祐三らと親交を結び、作家の久米正雄、女優の長岡輝子は父と共通の友人である。

明治大学を中退して東京美術学校に移ったのが伊藤だ。東京藝大美術科の前身である。この人も渡仏の経験者でジョルジュ・ルオーに師事。昭和二十九年、東京藝大教授、三十七年に退官して名誉教授の地位に在ったが、四十一年、愛知県立芸大の初代美術部長に招かれた。

ガキ大将と子分たち。とりわけて宮田と父は、それまで以上に親しさを増し、ついには終生の友となるのである。

国画会三人男のもう一人、杉本は大正十四年、岸田劉生の門下になり、戦後は東大寺観音院の古い土蔵をアトリエにしている。奈良では主に風物を描き、志賀直哉と交流もあった。存外、父が杉本を志賀と結び付けたのかも知れない。

脚光を浴びた一つが昭和二十五年、週刊新潮に連載された吉川英治の「新・平家物語」「私本太平記」の挿絵である。国民的作家を絵筆で支える立ち位置に抜擢されたのだ、注目の的にならぬ方がおかしい。
杉本は元来、旧制愛知県立工業高校を出たグラフィックデザイナー、またイラストレーターであった。名鉄電車の代々の車両や名鉄タクシーの色を決め、昭和三十二年、名古屋市営地下鉄が開通すると、これも任されて車体にウインザーイエローを選んだ。平成九年に名古屋能楽堂が完工した際、鏡板に定番の老松ではなく若松を描いて問題になったが、出来たばかりだから若々しい方が良い、伝統に決まりは無いと押し切った。御園座の緞帳の一つにも杉本の「天人奏楽」の原画が使われている。珍しいところでは青柳ういろうの、柳に飛びつく蛙の図案。

待望の長男、栄一の誕生を機に「得月楼」は若干、経営方針を変えている。それまで兼業だった鰻とかしわをやめ、純粋な料亭に転換したのだ。女将は栄一の母、寺田つなだが何しろ未だ十六歳。前年に迎えた婿養子の哲二が舵を切ったのだろう。理由について、跡継ぎを授かった恩返しに殺生を封じた、そんな話を聞いた覚えはあるが、板場を背負っていた腕利きが五年前に独立しており、本当のところは分からない。ただ、あの時代、というだけでなく信仰心の篤い一家ではあったらしく求められれば寺社へ数百円規模の寄付をしている。現在の貨幣価値に換算すれば、万を付けるか、それ以上か。

その板長、または、花板——。

●……「得月楼」から独立し、鰻とかしわの顧客《ひいき》を受け継いで納屋橋の西に開店したのが「宮鍵」だ。店主は、十三歳の頃から「得月楼」で包丁を握り、板前頭を任されるまでに信頼を得た鍵さんこと森鍵次郎。熱田の宮の生まれだから「宮鍵」である。

鍵さんは恰幅のいい見かけとは裏腹に、恐ろしく律儀で良心的な人だった。海部郡に出向き、生後九十日から百日くらいの若鳥《わかおん》を自らの目で確かめて、これならと納得のいく鶏でなければ絶対に仕入れない。良い鶏が集まるのは自然だが、調理法が難しいのも鳥料理。絞め方と身取りが下手だとすべてが台無しになる。けれども長年の修業がものを言って大評判を取っただけでなく値打ちに提供することから繁盛を極め、名店の仲間入りを果たした。

昭和元年に鍵次郎が亡くなって、実弟の清三郎が二代目を継ぎ、その長男の鉱太郎へ。

以上は、昭和三十七年、父が東邦ガスの広報誌に寄稿した「名古屋食べある記」の一節だ。久保田万太郎、小島政二郎らが「宮鍵」の常連。納屋橋に生まれ育った宮田重雄は言わずもがなである。文は次のように続く。

●……「僕の顔をみるとすぐ、おい、宮鍵へ行こうと言う。よっぽど気に入っているに違いない。小島さんはトリを食うばかりでなくお土産に買って帰る。その外、月に二、三回はドライアイスを利用して送ってもらっている」

伝統は今なお引き継がれ、食道楽で名の通っている池波正太郎が訪れ、最近のホーム・ページには王貞治のサイン色紙が掲載されている。

板前といえば、あんこう鍋の「得仙」も同様だ。十五歳の時「得月楼」に入り、三十五歳で宮田の病院と住まいがあった船入町に店を構えたのは林辰三郎。通称が千さん。暖簾は「得仙」である。食事を楽しんだ客が必ず来年の予約を入れて帰るため一年待ちが常識だったが、最近は十年待ちの噂……都市伝説の気もするが、伝手が無いとなかなか座敷に上がれないのは確かだ。

いったいに料亭で漬物を褒めれば非礼だが「得月楼」は例外だった。料理も漬物も超一流、名門たる所以かも知れぬ。

そこで話は戦後に飛ぶ。これに目を着けたのが海部郡蟹江町の山田清三だ。漬物に使っていた味醂会社の縁者である。「得月楼」の名で漬物店を出したいと父、栄一に申し入れ、父も快諾。昭和二十五年六月十七日、名古屋市中村区納屋町一ノ一に「得月おつけもの店」がオープンの運びとなった。この場所、実は戦後、私たちが移り住んでいた「鳥久」の向いの家である。土間に漬物の樽を並べ、上がり框と脇の畳部屋に金庫や文机、そろばん、帳簿を揃えて事務所の按配。料亭ではないものの六年ぶりの名門復活はニュースバリューも充分で、毎日新聞や名古屋タイムズの紙面を飾ったほど。

開店にあたっての案内パンフレットは、父が頼んだのだろう、錚々たる顔ぶれが祝いの言葉を寄せている。久保田、宮田、小島のほか、梅原龍三郎、伊藤廉、吉井勇、佐佐木茂索、川口松太郎、喜多村緑郎、高田保、中村伸郎。築地小劇場以来の人脈をフルに発揮したことになる。

玄関先に漬物の樽や商品があるから私は小学校低学年まで同級生に、漬物屋の子と間違われていたくらいだが、店はやがて隣の　祢宜《ねぎ》町にあった我が家の所有地も使うようになり、蟹江から小僧さんたちが自転車で運んできた守口漬けを留め置き、包装して市内のデパートに出荷する中継地点になった。しかし父の死後、祢宜町からも撤退し現在は、蟹江町が本社の漬物会社「若菜」の数あるブランドのひとつが〝得月楼〟。そんな位置付けではないか。「若菜」は東京の銀座などにも力を入れており、贈答品から浅漬けまで幅広く展開しているようだ。

いささか脇道に逸れた。軌道を修正し、寺田栄一が演劇、日舞、邦楽、あるいは文学、美術に傾倒していった背景を見つめてみたい。

【一幕　二場】

名門料亭の御曹司。したがって夜ごと座敷で芸者たちが三味線を弾き、唄い、踊る。芸事にどっぷり浸っていた環境は大きい。極論すれば歌舞音曲は赤ん坊の時分より目や耳に馴染ませていてこそ奥深さや本当の味が解るものだ。そのうえ両親とも芝居好きとあって栄一は、子供の頃から名古屋だけでなく東京、大阪の劇場にも連れて行かれた。歌舞伎がほとんどだったが、名古屋でも御園座を始め、あらゆる小屋に出入りしていたから、目が肥えるのも道理。とりわけ母、つなの影響を強く受けていたとすれば血筋は疑いようがない。

栄一（10代後半頃と思われる）
母　つなと

昭和三十三年三月三日付の毎日新聞「東海散歩」欄に、父が寄稿している。これに目を通すと、往時の劇場の有様が手に取るように判る。題して「名古屋の芝居小屋」。長くなるのを承知で引用したい。まずは御園座である。

●……思えば、ぼくなどは……明治の末のころ、まだ五、六才からの、古いなじみで、歌舞伎役者の初代梅玉、雀右衛門、先代中車、または高田新派の実、喜劇の曾我廼家十郎、先代渋谷天外らの舞台について、今日語ることができるのも、まったく、この劇場のおかげである。

いいえ、芝居ばかりではない。松旭斎天一や天勝の奇術、駒田好洋の活動写真、三代目小さんの落語、初代円右の人情噺なども、ここで楽しんだのである。

芝居茶屋は、餅文、杉本、吉山の三軒があり、寺田の家は杉本に決めてあった。一家は出方に案内されて長い渡り廊下を歩き、裏木戸から桟敷に通された。並みの客ではなかったことが伺われる。

御園座以外の芝居小屋にも話は及ぶ。

●……若宮神社のところにあった末広座……先代の幸四郎、宗十郎などがときどきかかった。沢正時代の新国劇、それに猿之助の第一次春秋座などもここだった。

七ツ寺の歌舞伎座、……ここも松廼家と竹廼家という二軒の茶屋のある相当な芝居小屋で、木戸口に櫓があるのは名古屋ではここだけだった。

芝居は、吉右衛門の一座がかかるかと思うと、大井新太郎、松尾志乃武が常打ちするなどいろいろだった。大正十二年の関東大震災のあと、喜多村緑郎が、一か月近く打ち続けたこともあった。昭和六年の第二次春秋座、初期の前進座もここだった。明治九年、先代梅幸が、名古屋にいて初代西川鯉三郎の門人、西川栄之介として、七才で初舞台を踏んだのはこの小屋である。

芝居小屋が三軒あり、うち米鶴の妹娘が西川鯉女さんである。

その近くの南桑名町に千歳座というのがあった。ぼくの子供のころには荒木清という地付きの新派の役者が常打ちのようにかかっていた。それに喜多村が上置できたこともある。大正三年に松井須磨子のカチューシャを見、「カチューシャ可愛や別れのつらさ」のうたを聞いたのもここである。

千歳座と御園座のなかほど……南伏見町にあった音羽座……ここは、ぼくにはなじみがうすく、あまり行ったことはなかったが、加賀の団十郎という恰幅のいい役者の大岡越前守で〝天一坊〟の通し狂言と、野沢英一、若宮里路の〝金色夜叉〟を見たことなどを覚えている。

このほか千種の竹田座、筒井町の喜楽座、代官町の京枡座、円頓寺の開慶座、米屋町の大黒座、日置の日置座、熱田の高砂座、大須観音境内の宝生座と思い浮かべただけでもこんなにあった。

それが、いまでは、そのほとんどが焼失してしまい、また残っている小屋も、映画館その他に切り替えてしまって、わずかに旧態を守っているのは宝生座くらいになってしまった。

断わるまでもないが、小屋の名称、出演していた役者は、三十三年当時のままである。

「カチューシャの唄」は、この年、芸術座の第三回公演「復活」の劇中歌として使われ大ヒットした。トルストイの原作を舞台化したもので、唄に関しては抱月と相馬御風が詞を書き、中山晋平が曲をつけている。

西川鯉女は、日本舞踊の西川流二世家元、鯉三郎の高弟。芸、品格ともに素晴らしい女性であった。

栄一を甘やかして育てた、母、つなの横顔。

どこの新聞か、もしくは雑誌か、メモが付されていないが、父、栄一のスクラップブックに切り抜きが貼られていた。昭和七年「趣味の婦人」という欄で、名は〝寺田つな子さん〟と紹介されている。気の強そうな写真も載せてあり、しかし、名古屋を代表する美人ではあったらしい。概要を述べる。

●……「得月楼」の女将で、誰が見ても四十四歳とは思われない若作りの元気者。茶道は一日も欠かすことがない。

●……大正九年、夫君に死に別れてからは専心家業に勉励しているが、観世流の謡曲と小鼓に趣味を持つ。幼少時は仕舞も習っていた。編み物は寺西綾子女史の教えを受けただけに手際も鮮やか。どこへ行くにも編針と糸を持ち歩く。

●……芝居は歌舞伎、新派を問わず狂言ごとに一回、二回は観る劇通。このほか、漱石はもちろんのこと尾崎紅葉、泉鏡花、里見弴の新小説から源氏物語、平家物語と読破している。旅行と相撲も趣味で、友達さえあれば東京の本場所へも出かけたい……。

裏付けるように昭和四十四年七月、毎日新聞の「母を語る」という欄に、栄一が次のように寄せている。

●……いかに箱入り娘で育ったかといえば、とにもかくにも今日にいたるまで、いまだにご飯をたくことを知らず、ものを煮焼きすることも心得ていないのである。

●……ぼくの子どものころは、かなり腕白であったし、長ずるに及んで道楽もして心配をかけたであろうが、小言めいたことは、ただの一度も聞いたことがない。これは出来そうでなかなか出来ないことだと思う。

毎日新聞よりずっと前の昭和二十九年三月、父が譲った「鳥久」で行われた宮田重雄と父の対談が「街のパンフレット」という小冊子に載っている。題して「悪童の頃」。宮田が「俺はあくどいこともしたが親父が死んで、ガキ大将をプッツリ廃業した」と言えば、栄一は「僕は親父が死んでトタンに道楽者になったんだ」。

名門料亭の惣領だから銭金の勘定くらい出来なくては困る。一応、父はCA、市立名古屋商業に進んだが、落第の挙句、哲二の死をきっかけに大喜びで中退を決めた。待合で試験勉強らしきものをして直接、登校したとか、遊郭で涼んでいると下を担任の教師が通り「先生」と叫んだばかりに翌朝さっそく職員室へ呼び出されたなど、落ちこぼれならではの艶話も限りなくある。

母の小言を聞いたことがないと父は記したが実際は、世間知らずのつなには息子を叱る資格も術もなかったのだ。

つなの夫、哲二が死去したのは、出汁巻き卵の食中毒。だのに、つなは腹痛も起こさず、昭和四十年十一月三十日、一家で八事に越してきて、六年後の九月、老衰で八十三歳の生涯を閉じた。葬儀が済み遺品の整理を始めると敷布団の下から一万円札が入った祝儀袋が幾つも見つかり私たちを驚かせた。それぞれに名古屋の財界を背負っていた大物たちの名前が墨書されてあり「得月楼」の暖簾は畳んでも機会あるごと宴席に招かれていたのだろう。一流料亭の女将を貫いた生き方だったが最晩年は、静かにトランプの一人占いで日々を過ごしていた。文学座になぞらえれば、ある意味、波乱に満ちた「女の一生」だったと表題を付けても良い。

愛用の小鼓も部屋に仕舞ってあった。見事な蒔絵が施され素人目にもさすがの逸品である。骨董屋を呼び確かめると、うーむ、唸った後、溜息を漏らした。

「しっかり手入れがされていれば百万は下らんでしょうが、ほったらかしで皮がたるみきって使い物になりません。蒔絵の分だけ、一万円……」

栄一が書き遺した中に、哲二に関する文章はほとんど見当たらぬ。厳しく、怖かった思い出だけだと父は常に語っていた。でも人生、何が幸いするか分からない。つなに甘やかされた結果、つまりは放蕩の末が文壇、画壇、劇界に繋がったのだから。

【二幕　一場】

「得月おつけもの店」開店パンフレットのくだりで大正末から昭和にかけての名だたる人々を先に紹介してしまったが寺田栄一は、こうした文人たちの薫陶を受け、より芸術を愛するようになった。

逆の見方も出来る。名古屋に来た様々な人が「得月楼」の若旦那は古典芸能や文化に興味を抱く面白いヤツだと付き合い始め、むろん最初は時候のあいさつ程度だったものが徐々に親交を深めるに至ったのだろう。

父がまず師事したのは、小山内薫である。明治四十二年に小山内が二代目市川左團次と創立した会員制の自由劇場。ゴーリキーの「夜の宿」が栄一の観た初めての新劇らしい。「どん底」である。

小山内薫は明治十四年、広島市生まれ。五歳で東京に越し、東京帝国大学在学中から演劇に興味を抱いて戯曲を書いたほか、詩集も出している。

大正九年に松竹キネマが誕生すると監督や俳優を養成するための校長に就き、伊藤大輔らを世に送り出した。新劇の父と称される小山内だが、芸術全般を深く理解し、文化に関わる人々を育てた功績は何物にも代えがたい。

小山内、左團次とも渡欧の経験者で現地の演劇をつぶさに見てきた先達だ。左團次は、九代目市川團十郎、六代目尾上菊五郎と並び〝團菊左〟と呼ばれたほどの名優だが、従来の歌舞伎とは違うリアリズム演劇も視野に入れた進歩的な役者である。その一方、下って昭和三年には歌舞伎界初のソ連公演を実現させている。モスクワ芸術座での出し物は「仮名手本忠臣蔵」。楽屋を訪問したエイゼンシュテインとは長く交流を続けたという。

エイゼンシュテインといえば、大正十四（一九二五）年、第一次ロシア革命の二十周年記念として製作・公開された、サイレント映画の長編「戦艦ポチョムキン」だ。市民を虐殺する、オデッサの階段の場面などは史実に無いとは言われているが、モンタージュ手法を用い映画の作り方に革命を起こしたことは違いなく、思想面ともども左團次の共感は理解できる。

ただ、天皇陛下万歳の明治人間だった父が、そんな左團次と交流し、「どん底」に魅了されて新劇に深入りしていった経緯は妙と言えなくもない。息子なりに擁護すれば、主義、思想とは別、芸術そのものに惹かれた、そう解釈するのである。

小山内は明治四十五年から大正元年にかけてモスクワ、ベルリン、ロンドンを廻った。モスクワ芸術座で観た「どん底」の演出技法が自由劇場の再演に生かされている。俳優で演出家のスタニスラフスキーの自宅へ招かれたのも歴史に語り継がれるべき話だ。

コンスタンチン・スタニスラフスキー。現代演劇、小劇場関係でもなお、神様のような存在は、リアリズム演劇の祖。脳内に沸き起こる役の感情は、フロイトが原点とも言われる。名著「俳優修業」は、芝居に関わる人々のバイブルだ。

モスクワでは現地に在住の輸入業者の妻と面会しているが、この女性が築地小劇場、また俳優座を通しチェーホフの「桜の園」でラネーフスカヤ夫人を演じ当り役となった東山千栄子、まさにドラマだ。

〝團菊左〟を例にとったが、歌舞伎は看板役者で客を呼び、芸、演技を売り物にする。翻って新劇は戯曲が柱、これに演出が加わり、役者たちの力量へと繫がって舞台を創る。ちなみに「演出」という言葉を日本で最初に使ったのは小山内だ。以前は〝舞台監督〟がそれを意味していた。

左團次だけでなく、市川壽海も新劇に尽くした梨園出身者だ。大歌舞伎では役に恵まれなかったのが築地に協力した大きな理由だろうか。昭和十年から十三年は東宝歌舞伎に所属し戦後、二十三年に処を移して関西歌舞伎の重鎮となるも、何しろ大阪である。生え抜きでない苦労を十二分に味わったことは理解できよう。

辛さを面に出さない人柄。それだけではないけれど、久保田が壽海を贔屓にし、父との交流も深まっていった。二十九年二月十八日、十九日付の中部経済新聞が、壽海と父との対談を掲載している。「60年の舞台を想う」とあり、初舞台から六十年、父とは三十年の交遊と紹介されてある。

大阪で発行されている雑誌「寿海」の一月号の口絵に「石切梶原」が使われおり、まずは名古屋で「石切」を上演した昭和二十五年の思い出。さらに大正五年、当時は寿美蔵の名だった壽海が、橘屋、つまり市村羽左衛門の盛綱をじっと見ていた様子を小山内薫が、まだ学生だった三宅周太郎に教えた話などを披露。「吃又」で急きょ、市川段四郎の代役を務め、稽古が足りなかったため、冷や汗を掻いた裏話へと続く。これが十八日の掲載分。

十九日が新劇編だ。

栄一が言う。

「わたしは大正十年のどん底から見ている」

答えて壽海。

「高島屋のペペル、わたしはサチン」

高島屋とは左團次である。

「どん底」……ただし、小山内が訳した「夜の宿」は明治四十三年の有楽座が初演、大正二年の帝国劇場が再演である。そして同八年、九回目の公演「信仰」を最後に自由劇場は自然消滅の道を辿った。栄一が大正二年の再演を観たとしたら九歳の計算、父か母に連れられ帝劇へ……。だが中経の対談では大正十年の「どん底」だと話している。覚え違いの可能性は否定できないが、歌舞伎、新派を見慣れた栄一にとって、草創期の新劇人が好んで取り上げたイプセンやゴーリキーは、ひどく新鮮だった筈である。

引き続いて、小山内の演劇に賭ける熱と、新劇に取り組んだ歌舞伎役者の戸惑いを壽海が語っている。演出家と役者。夫々の人柄も解るので、壽海の語りを引用したい。

「どん底」には二回出ていますね、と質問する父に、壽海は次のように答えている。

●……小山内先生がロシアから帰って役も替えて、サチンを高島屋、わたしが役者。わたしは声が細いので小山内先生が鉛毒で声をつぶした気持ちでやったらよかろうと裏声でやりました。

帝劇でのアンドレエフの「星の世界」や、ハウプトマンの「寂しき人々」の苦心談を父が尋ねる。

●……四幕とも同じ装置で、セリフが非常に長い。三幕目くらいになると何だったか判らなくなるんですよ。途中で高島屋も猿之助もセリフに詰まってプロンプターのいる幕の方に寄っていく。すると小山内先生が寄ってはいかん、いかんと注意する。それに、わたしなどコルセットをつけているので一層、苦しくて……。

初代花柳章太郎との対談　昭和29年1月

壽海が、翻訳劇をやってから日本の新劇は良くなりましたね、と言えば、父もあなたは新劇夜明けの一人ですよと感謝の念を表わしている。

栄一は左團次や壽海以外の歌舞伎役者、例えば市川猿之助らとの付き合いも多々あり、六月には中経紙上で二代目中村又五郎と対談。六代目中村歌右衛門の「蒼会」を意識して「梨苑会」を結成した経緯などを話し合い、また、同じ年の中経の元旦号では新派の初代花柳章太郎と膝を突き合わせ、役者にとって十年、二十年は捨石という芸談のまとめ役も務めている。

新劇の役者は歌舞伎を見なければいけない、歌舞伎の役者も新劇を――栄一の持論だ

初代喜多村緑郎と

った。そして新派への相当な肩入れは久保田万太郎の影響である。

花柳と並ぶ役者は喜多村緑郎だ。二十六年一月十五、十六の両日にわたり中部日本新聞が、父の聞書きの形で喜多村の芸談に紙幅を割いている。明治二十九年に高田実と舞台に立った、いえば新派の原型にあたる成美座や、六代目菊五郎との交流、さらには尾崎紅葉、泉鏡花まで飛び出して興味深い。

中部日本新聞は、今の中日新聞である。

本書は、小山内から久保田へ、つまり築地小劇場から文学座へ至る父の生涯が本流である。となれば重きを置くのは新劇だ。しかし、新派を抜きには出来ないのが父の生涯であり、今後も折に触れ語っていくことにはなる。

再び新劇胎動期の話を続けよう。

自由劇場には前田青邨や鏑木清方、岡田三郎助ら画家も協力している。岡田は妻の八千代が小山内の妹、しかも劇作家だから特別だが、宮田重雄とは別のルートで、栄一と画家たちは、こうして繋がったのかもしれない。エピソードを付け加えれば岡田は裸婦を多く描き、モデルの一人にブルースの女王、淡谷のり子がいる。

淡谷はオペラを目指して東洋音楽学校に入ったものの、青森の実家が大火で没落。学費を稼ぐため止むを得ずモデルになったが、最初は恥ずかしさの余り失神したと自ら話している。

小説家と劇作家では久保田、川口松太郎のほかに島崎藤村、正宗白鳥、三宅周太郎、谷崎潤一郎、水上滝太郎、直木三十五……。中でも川口と小島政二郎は、栄一が他界するまで五十年の親しい付き合いであった。

翻訳劇が多かったから初期の新劇は赤毛物と揶揄されもしたが歌舞伎の世話物と似た演目もある。例えば大正十二年三月、三田文学に発表され、すぐさま六月に帝劇で披露された「息子」が代表か。この作品に想いを馳せながら寺田栄一を書きたいと前口上で述べた所以だが、父もまた感銘を受けていたとしたら出来過ぎた話だろうか。

火の番の老爺のもとに、捕吏に追われた若者が逃げ込んで来る。悪さをして上方へ去った、老爺の息子だ。薪をくべつつ独り言のように呟く老爺は、初めから息子と判っているのか、それとも話すうちに気付くのか。息子は、こちらもいつ老爺が父だと……。お互い、名乗りを挙げることは無いまま、捕吏の呼子を耳にした息子は番小屋を飛び出し、振り返って万感の思いを込める。

「ちゃん」

一拍の間を置き、走り去って――幕。

二人が気付くタイミングこそ演出の妙味。感性と腕の見せ所である。ラストシーンは新劇なら袖に引っ込み、歌舞伎の場合は花道。いや、花道のある小屋なら新劇でも息子は七三で足を止めて番小屋を見、鳥屋に駆け込む。

七三は本舞台から花道を三分、進んだ所。突き当りの鳥屋口までが七分であり、花道専用のセリ〝スッポン〟が切ってあるのも、この位置。新劇とはいえ「息子」の時代背景は江戸。事実、帝劇での初演は息子に六代目菊五郎、老爺に四代目尾上松助、捕吏に十三代目守田勘彌が扮した。

「いい芝居だよねえ」

父と息子は、しみじみ語り合った想い出があるけれど本来はイギリスの劇作家、ハロルド・チェイピンの「父を探すオーガスタス」が下敷きだ。一時間にも満たぬ一幕物ながら翻案もこれほどのレベルになると――文学、戯曲、芝居に通じた小山内の才能と情熱に驚嘆せざるを得ない。

寺田栄一が小山内薫の弟子になったのは、この年である。放蕩息子が私淑しただけに小山内は、素晴らしい人格者だったと伝えられている。相手が学生のような若造でも決して見下す態度を取ったことはない、と。

【二幕　二場】

婦人解放運動の機運が高まった、同じく大正十二年。芥川龍之介、菊池寛、小島が来名している。招いたのは新女性協会名古屋支部の幹部で、椙山女学校の教授だった高山ひさ。市公会堂が未だ無く、音楽会や各講演会はキャパシティーの関係から東区富士塚町、今の東桜にあった椙山の講堂がよく使われていた。小島は、久米正雄の代理だったのではないかと高山は回想しているが、経緯は昭和二十七年七月六日付の毎日新聞「名古屋文学散歩」に詳しいので引用する。

●……大衆作家、小島政二郎が「俺にだって純文学くらい書ける」と名古屋を一部とり入れて「眼中の人」を発表しているのはあまり知られていない。小説家たらんとして先輩、菊池寛や芥川龍之介と交わる、いわば文壇の青春時代が、少年のような初々しさで書かれているのである。

例えば――「小島君、名古屋へ連れて行ってやろうか」私は菊池から安く扱われることにもなれていた。「ええ、連れて行って下さい」私は尾を振っている犬の姿を思い浮かべながらそう言った――。

聴講料を取る催しだったため教養のある男女ばかりが集まって一種、澄んだ清廉な雰囲気に包まれたと、小島は記している。

●……最後に登壇した菊池が「人生と文芸」と題し一時間たっぷり話した。その中で、前にしゃべった芥川の説に触れた批評があった。芥川は、菊池の講演が終わったとたんに「ちょいと」といいながら急いで演壇にかけ上がって行った。そうして菊池の説を反ばくした。菊地は、これに反ばくすることなく座ってニコニコ笑っているだけだった。

高山は、芥川の言動に女の子がワアワア騒いだと懐かし気な口ぶり。三人もたいそう喜んで謝礼の半分を学校に寄付したと語る。

夕方から一行は「得月楼」の料理に舌鼓を打つ。また、宿舎まで付きっ切りで高山が面倒を見た。予約してあったのは「名古屋ホテル」だが、菊池だけは日本式の宿屋が良いと名古屋ステンショに近い「シナ忠」に移った。

高山が笑い話を披露している。

「おかしいんですよ。芥川さんが二階から降りるとき足を滑らして、もんどりうって転がり落ち、下のじゅうたんで尻もちをついちゃって」

ニヒルな文豪の滑稽譚だけに高山は、記者の前で笑いころげていたという。

一方、菊池もひどい失敗を犯している。睡眠薬を飲み過ぎて一晩中あばれ回った挙句、二日二晩、眠りこけてしまったのである。後年、菊池はこの間のことを小説にするが余程ショックだったとみえて、診察に来た医者をうっかり「ヤブ」と書いてしまう。読んだ医者がカンカンになり、あわてて菊池が陳謝する一幕を巻き起こしてしまった。

さて、小島が「眼中の人」で取り上げた、睡眠薬の一件だ。東京弁による女中頭の台詞を名古屋言葉に〝翻訳〟して欲しいと寺田栄一に頼んできた。

小島の元原稿。

「じッとしていらっしゃらなければダメですよ」

父は次のように変えた。

「そっとしていらっせんといかんぞなも」

菊池は「ポッカリ目を見開いて」芥川、小島に元気づけられ、東京に帰るのだが、毎日新聞の取材に父は、校正を依頼されたことは全然、知らないと答えている。

「小島さんと親しくなったのは、もう少し後の気が……」。

父が勘違いしている可能性が高い。なぜなら、確かな名古屋弁に変えられており、それは少しなりとも芝居や文学に通じていなければ難しいと息子は思うからだ。

名古屋ホテルは、竪三蔵町、中区栄一丁目、御園座の南に建っていた、名古屋初の洋式ホテル。「シナ忠」は戦後、中華料理店に衣替えしたため支那と間違えられるが、創業者が長野県出身の信濃屋忠右衛門だった。「信忠閣」に改めるよう促したのは乃木希典と聞く。頼山陽の「得月楼」よりは信憑性がありそうだ。

ただ、戦災のあおりなどで二つのホテルはとうに姿を消し椙山も幼稚園、小、中、高校は千種区の覚王山に、大学は星ヶ丘にある。

【二幕　三場】

この年の九月一日――首都圏を襲った関東大震災はとてつもない被害をもたらした。都市じたいや政治、経済への影響は言うに及ばず、演劇界が受けたダメージも尋常ではない。劇場、小屋の全壊、半壊が興行に支障を来したのである。

遊学先のベルリンで報を受けた土方與志は、続いて河原崎長十郎からの手紙で母国、ことに東京の事情を知る。

《歌舞伎座の鉄骨灼けて飴の如く》

演劇研究を目的に十年計画で遊学中だった土方だが一年で切り上げ、帰国。留学費を築地小劇場の建設や劇団結成のために転用する。小山内と意気投合していたからこそ可能だった。寄付した額は十万円と言われているが土方は本来、伯爵。金銭的にも恵まれた人である。さらには、震災から早く復興を図ろうとする国の方針も手伝い、個人の住宅や店舗のみならず劇場も一時、規制が緩められ、強固で複雑な構造を要求されることはなかった。震災に見

築地小劇場の創立に協力した人々。右から：里見弴、浜野英二、久保田万太郎、芥川龍之介、泉鏡花、水上滝太郎、岡田三郎助、小林雪岱　東京・芝の「紅葉館」鏡花の好きな座敷で、父も２度ばかり出席したという。写真は鏡花全集の編集会議か出版祝いらしい

舞われるたび建築基準が厳しくなる昨今とは真逆の考えで、早々、元の東京の姿に戻そうとするプランだったようだ。

上流階級の土方だが、世間ではアカ華族とも陰口を叩かれていた。事実、治安維持法で検挙され、五年の実刑を受けた経験を持つ。こうした土方の生き様は演劇活動にも反映、その後の栄一の身の振り方を左右する。いっそう小山内薫へと寄りかかっていったのだ。

小山内は、東京と京都、大阪を慌ただしく往復せざるを得ない日々を送っていた。東京で公演を打つことが難しいとなれば、関西などの劇場確保が必要だったからである。途中、名古屋で下車して「得月楼」へもたびたび足を運び父との絆は、より強く

なった。

大正十三年六月、築地小劇場が誕生する。小山内と土方が中心だが、和田精、浅利鶴雄らも創立メンバーに加わった。和田の息子は、イラストレーターで映画監督も務めた和田誠、浅利の息子が、劇団四季を生んだ浅利慶太である。

ちょうど一年後。小山内薫から「得月楼」に一通の手紙が舞い込んだ。手紙を読み終えた栄一は汽車に飛び乗り、急ぎ上京する。

昭和三十七年一月二十二日付の中部日本新聞「名古屋漫筆」欄に、父が手紙の内容と、その後の展開を書いている。「築地小劇場と名古屋」のサブタイトル。栄一の生涯を決めたと言ってもいい出来事だから、小山内の手紙をもとにした父の文をありのままに紹介しよう。

●……まず、近況しかじかあって……
さて、これからがちと大事件です。

〝八月十日から十六日まで御地の松坂屋で築地小劇場の模型舞台展覧会を開くことに確定しました。

このあいだ東京でやったのをそのまま持って行くのです。

ついてはどうせ見せるくらいなら実演をやってはどうかという話が起こりました。時日は八月の二十四日から二十六日まで、出し物は「夜の宿」です。私の方は御園座あたりで（中略）金はもうけなくてもわれわれの存在が知ってもらえればいいのです。

　どうでしょう。あなたのご意見は。あなたのご意見次第で、どうにでも陣立をするつもりです。（後略ス）〟

というのである。

かつてなかったことだけに……それに、この手紙の後の方に〝名古屋でやってもダメならダメ、もしやるなら、こうしてやるがよいと遠慮のない説が聞きたいのです〟とまであるので、ぼくは非常に責任を感じた。が、しかし、この土地へ築地小劇場が来演する機会を決して逃してはいけない、とそう思った。


　本格的な新劇が名古屋で披露できる。父は早速、上京して小山内に考えを述べた。
●……はじめから御園座という大劇場の公演は控えて松坂屋のホールで二日、だし物も「夜の宿」一本というのではなく、バラエティーをつけ、そのなかへぜひ築地小劇場第一回公演のとき話題になった、ラインハルト・ゲエリングの「海戦」を加えたいこと。舞台に先立ち演劇講演会を開いては――などである。
　このほか、七月に開局予定のＪＯＣＫ、即ちＮＨＫ名古屋からラジオドラマを放送する案が出て、話は決まった。

会場を松坂屋ホールにしたのは、入場人員を考えしてのことだが、結果から言えば御園座でも充分だったかもしれない。

幾つかの事情があってのことだろう、模型舞台展は十二日から十八日に変更された。それでも前日は準備が大変だったようだ。松坂屋が閉店するとすぐさま、千田是也、熊沢復六《またろく》、寺田らが会場の飾りつけに取り掛かったのだが、翌日の開店間際までの作業に皆ヘトヘト。食堂の名物だった、しじみの味噌汁の味がずっと忘れられない、とは父の弁である。甲斐あってか展覧会は大評判、来場者も多く毎日、会場に詰めていた栄一たちは大いに気をよくしたのだった。

熊沢は、名古屋出身のロシア文学者。小山内に師事したが、やがて築地から身を退き、愛知大学で教鞭を執った。千田は説明するまでもあるまい。

八月二十三日の朝、築地の一行が到着する。昼は市内見物をしながら道行く人に宣伝のチラシを配り、その夜、商業会議所のホールで演劇講演会。北村喜八、熊沢、高橋邦太郎、土方與志、小山内が演壇に立った。

二十四日の正午、ＮＨＫ名古屋からラジオドラマを放送。イギリスのリチャード・ヒューズ作「炭坑の中」だ。落盤事故で坑内に閉じ込められ、極限状態にある男女と老人の心理を描いた作品は山本安英の女、汐見洋の男、東屋三郎の老人という配役。真っ暗な炭坑だけに音声のみのラジオ向き。電気を消してお聴きくださいとアナウンスがあった。笑い話のように父は書き残している

また、音響効果が整わずアナウンサーが、あと三分お待ちをと断り結局、八分遅れで始まった。コンピューター制御の今では考えられないのどかさである。

件の音響効果についても説明しておこう。昭和三十一年一月十一日付の朝日新聞「昔と今」という連載の第一回〝ラジオドラマ〟編で栄一が紹介している。

●……マイクの向こう側にドラムを据え付ける。これに向かって役者が台詞を喋ると太鼓の革に声が反響して、いかにも坑道の中で話しているように聞こえる。

マイクの手前には、水を張ったたらいが置かれ、火吹き竹が添えてある。その前に主役が三人。さらに周りを囲んだ十人余りが、雨戸の下に付ける鋳物の戸車を手に一つずつ持って控えている。

ドラマが始まると、それぞれが戸車を打ち合わせてカッチンカッチンと鳴らす――炭坑の各所でツルハシを振るう音である。やがてピアノが、ガーンと大音響を放つ。坑内で爆発が起こったのだ。間髪を入れずに、たらいの側にいた効果係が火吹き竹を水に突っ込んで吹く。

ブクブクブクと地底から水がわきだす音。そのうち水かさが増してくるところになると、もう一人が両腕まくりでたらいの水をジャバジャバかき混ぜる。

小山内の供をして父は、初めてCKに足を踏み入れたのだが「炭坑の中」こそ、名古屋で最初に全国放送されたラジオドラマだと中日、朝日の両紙で断言している。開局が七月だから間違いなかろう。

中部日本新聞の「名古屋漫筆」に戻る。

●……この日と翌二十五日の午後六時半から松坂屋ホールで、第一回公演が行われた。ラインハルトの「海戦」（土方演出）、ストリンドベリーの「母の愛」（小山内演出）、チェーホフの「犬（結婚申込）」（小山内演出）という出し物で、役者は前記三人のほか、友田恭助、千田、丸山定夫、小杉義男、花柳はるみ、谷崎竜子、若宮美子らだった。

二日とも文字通りの満々員……立錐の余地なし……というばかりでなく、入ることが出来ず帰った人が随分たくさんあった。

これがきっかけになって、築地小劇場は必ず年に一、二回は、名古屋の御園座、末広座、あるいは新守座で公演するようになった。

——ぼくが二十一歳のときのはなしである。

父は、こう結んでいる。

ＮＨＫ名古屋から放送されたラジオドラマを父は、小山内薫と土方輿志の演出と記しているが、電波でも「演出」という言葉を使ったのは小山内が最初だ。第一声の東京以来、〝放送指揮〟が業界用語だった。昨今でも演出、あるいはディレクターと表すのが通りやすい。

築地小劇場の公演が行われた松坂屋ホールは、現在の松坂屋名古屋店の南館にある多目的のイベント会場ではない。当時、松坂屋は、栄の交差点の南西角に建ち、ホールもその中の施設ながら、文化の香り高い催しが始終、開かれていた。名古屋市内の幾つもの芝居小屋よりも父が松坂屋ホールを選んだのは、これからの新劇公演を念頭に置いたからだと思う。

山本安英の名が出たから、他の女優について付記しておこう。出雲阿国はともかく、風紀上の理由から女役者が禁止され、歌舞伎では女形しか許されなくなった。もちろん、厳しい修行を積んだ歌舞伎役者は、女性以上に女性の美を表現できるのだが、あくまでもリアリズムを追い求める新劇では、女の役は女優が演じる。そんな思想が根底にあった。

女優第一号は、川上音二郎一座に所属しサンフランシスコ公演にまで加わった貞奴であり、島村抱月との仲がスキャンダラスに報じられた松井須磨子もいる。確かに、この二人が草分けではあるけれど以後しばらく、これといった存在は見当たらぬ。貞奴が明治四十一年に女優養成所を開き、四十四年、帝劇が落成するとバトンタッチ、大正十年頃まで育成に務めたものの芳しい結果は出ていない。

明治四十一年に誕生した有楽座でも附属女優養成所を設置し翻訳劇、創作劇の新女優を養成しようと試みたが、ほぼ失敗に終わっている。

数多の障害に屈することなく、新しい演劇を樹立するにはどうしても女優が必要と繰り返し力説したのは左團次だった。このため大正十年九月、左團次一座では新聞、雑誌によって募集を行い、松竹の創業者で歌舞伎座の社長の大谷竹次郎、厳しい歌舞伎評で知られた岡鬼太郎、それに小山内、左團次が審査員となり五十五人の応募者から五人を選んだ。永井荷風、岡本綺堂も審査の後見を務めたと言われているが、最も秀でていたのが山本安英で三か月後、早々と初舞台を踏み、奇しくもこれを父が観ている。帝劇での「第一の世界」と「学者山中慎一の娘」の敏子。後者は大役だったが、左團次だけでなく当時の市川猿之助、沢村宗之助と嚙み合った活躍だった。

小山内、土方に指導を受けるという、恵まれた女優と父が個人的に親しくなったのは「炭坑の中」がきっかけだが、山本は昭和二十二年、劇作家の木下順二と「ぶどうの会」を立ち上げ、二十六年二月、御園座で名古屋初公演を打つ。パンフレットに父は「学者山中慎一の娘」の好演を引き合いに出している。三十年前の舞台が、それほど父の胸奥に強い印象を刻んだということか。

山本安英といえば「夕鶴」だ。三十七年間に千三十七回の公演を数え、演劇史に金字塔を打ち立てた名舞台、いずれにしろ女優という存在を世間に知らしめたのは築地小劇場を措いて無い。大正十三年の第一回研究生の顔ぶれを見ると山本に加え、東山千栄子、岸輝子、夏川静江、田村秋子、細川ちか子……。

昭和二年に杉村春子、三年に長岡輝子が入る。杉村が師と仰いだ田村は友田恭助と結婚するが、友田が戦死。しばらく舞台から遠ざかったものの昭和二十四年、文学座に名誉座員として迎えられた。里見弴が田村をモデルに小説「宮本洋子」を書いている。里見も父、栄一に多大な影響を与えた作家の一人だ。

同期の男優は、丸山、青山杉作、滝沢修。中でも優等生の誉れが高かった新人が滝沢である。以後の演劇界を見るにつけ、築地の初期の研究生は演劇史に名を残す連中だったと分かろう。

ことに丸山定夫の名を忘れてはならない。新劇の團十郎と異名を取った、いや、それだけでは済まぬ。

愛媛県松山市生まれ。広島の青い鳥歌劇団に加わるが同時期に知り合ったエノケンこと榎本健一や徳川夢声らに〝クサい芝居〟と諭され新劇に転向。土方宅に押しかけて築地に入った。細川ちか子と同棲するが、細川が結核に臥したため一時、新劇を離れ、百円を受け取ってエノケン一座に参加。福田良一の芸名でコメディアンに転じた。

新劇に復帰して以後は新築地劇団で活躍するものの、思想面が問題視され新協劇団とともに強制解散の憂き目。夢声らと苦楽座を結成するが空襲でまたしても解散。しかし、芝居への情熱を捨てきれず、演出家の八田元夫らと移動劇団「桜隊」を組織して全国を巡演するうち昭和二十年八月六日、広島で被爆し、玉音放送の翌日、世を去った。享年四十四。

一連の事情は、堀川惠子著「戦禍に生きた演劇人たち」(講談社)など、詳しく調べたノンフィクションが多い。東京都目黒区の五百羅漢寺には慰霊碑が建っていて、追悼法要も営まれてきた。

この悲劇をもとにした戯曲が、井上ひさしの「紙屋町さくらホテル」だ。平成九年十、十一月、新国立劇場の杮落としのために創られ、こまつ座では何度も上演しているが、名古屋でも天チン——天野鎮雄の劇座などが取り上げた。

築地小劇場の最初の舞台「海戦」で、戦闘開始の銅鑼を鳴らしたのが丸山だ。文字通り新

ゴルキイ（ゴーリキー）の「夜の宿」＝「どん底」
御園座での終演後　記念写真　巡査役で初舞台の栄一

劇の火ぶたを切った役者でもある。生きていたら戦後の演劇界でどんな役割を果たしたことか。

模型舞台展やNHKのラジオドラマを始め、名古屋での奮闘が大きな理由であろう。大正十五年、寺田栄一は築地小劇場の客員となり、御園座で上演された「どん底」に出ている。三幕目の終わりに登場する巡査役。緞帳が降りた後の記念撮影が、昭和三十年一月四日付の中部経済新聞に掲載された。キャストは前述の山本、東山、丸山ら初期の役者が中心。《お笑いのページ　珍写真集》なる欄に〝みんな若かったでス〟のキャプション。栄一にとって築地の初舞台だった。

宮田重雄に川口松太郎を紹介したのが、この年、御園座の廊下だった。案外、「どん底」

の終演後かもしれぬが、息子は、ふと考える。客員というポジションは父が「得月楼」の跡継ぎだったからで、果たして本意だったのだろうか。もし栄一に兄弟姉妹がいれば、たとえ年下の身内でも料亭の経営を任せて上京し、芝居ひと筋の道を歩んだのではないか。心酔していた小山内薫の下で演出を学ぶ、それこそが、父が第一に考えていた生き方だったはずだ。栄一の心が揺れ動いたとしても不思議ではない。シェークスピアの台詞を借りれば、芝居か料亭かと悩む大問題であり、叶うことなら信頼できる誰かに「得月楼」を委ねて、築地の一員になりたい、そちらが本音だったのだろう。カネも余るほどあったのだから。

愛知県の尾張横須賀、現東海市出身の作家で編集者の岡戸武平がいつだったか、父に聞いたことがある。

「おい、栄ちゃん。あんた一体、どのくらいの小遣いをもらってたんだ」

「築地の連中と遊んでた時分は、月に千円の仕送りだったな」

庶民は百円札すら見たことがない、千円あれば小さな家が一軒は建つ。贅沢しながら芝居の勉強が出来る、結構な身分だったのだ。尤も、これまた時代、ひとり息子ゆえに心ならずも上京を諦めて名古屋に留まり、東京と名古屋の文化を結ぶ黒衣に徹した……そんな風にも私は解釈している。

築地小劇場はこの年、初の創作劇「役《えん》の行者《ぎょうじゃ》」を上演、新たな一歩を踏み出している。坪内逍遥が脚本を書いたのは大正二年。が、抱月と須磨子の恋愛事件を連想させるなどの理由で延期され、同五年、「新演芸」誌上に「女魔人」と改題して発表された。でありながらスケールが大きすぎて誰も手を付けなかった、それを小山内が、逍遥の戯曲の中で最高の傑作と演出意欲を掻き立てられようやく舞台に乗せたのである。築地のみならず、新劇界のターニングポイントだった。

大正天皇が崩御し、昭和に元号が変わる。久保田万太郎が「得月楼」を訪ねたのは、その直前だ。味わい深い句に感動した所為だろう。はっきりと記憶に刻まれているようで父によれば、その時の句は〝はじめて栄一に逢ふ〟との前置き。

ふところの小ぎくとりでて小春かな

季語から判断すると、十一月末か十二月の入りだろう。

久保田は以降、しばしば「得月楼」に泊り、父は演劇関係の仕事をさせてもらった上、わたくしごとにおいても親身に世話を受け、その思い出だけでも数限りなくあると後年、したためた。「得月楼」の五代目、哲二がすこぶる厳しい人で、自身、敬遠していただけに、久保田を実の父親以上に慕ったとみて差し支えない。

久保田の俳句を幾つか紹介する。昭和四十五年十一月二十四日付の朝日新聞「納屋橋のころ」。八事に引っ越してからの、いえば回顧録である。

〝栄一居〟
雨の萩六時といへば暮るるかな
〝寺田栄一悪友とつきあふをやめて俳句に精進す〟
葉がくれに咲く朝顔のあはれかな
〝久保田が名古屋で流感に罹った時の句〟
四十度に上がりし熱や冬椿
〝得月から堀川をながめて〟
短日やされどあかるき水の上

〝栄一居〟の但し書きは無論、「得月楼」だ。

朝顔は久保田が好んだ花。納屋町の我が家にも毎夏、色とりどりの朝顔が咲いた。けれど、夕方を待たずに萎む花は気障に表現すると些か短命で哀れさがある。流感は、流行性感冒。インフルエンザだが、句に用いられた〝冬椿〟も、父の心に強い印象を残した花だったと息子は受け止めている。説明は本書の最後に回したい。

【二幕　四場】

芥川龍之介、菊池寛、小島政二郎が、椙山女学校の招きで名古屋を訪れ、講演した件は既に紹介した。しばらくして菊池が、寺田が横浜まで来ているから遊びにいかないかと芥川を誘ってもおり、小島以外の二人とも父は近しかった。

昭和二年七月、その芥川が自殺する。

二十三日、日本海に前線が停滞し東京の夜は湿気がまとわりつくように蒸し暑かった。前線はゆっくりと列島を南下し翌二十四日、首都の気温は一気に一〇度も下がる。斎藤茂吉にもらっていた睡眠薬を芥川が飲んだのは、前線が通過したすぐ後。天候が精神面に作用する例として気象学、精神医学の双方で注目された。

《何か僕の将来に対する唯ぼんやりとした不安である》

七月二十四日は河童忌。巣鴨の慈眼寺に毎夏、線香の煙が立ち上る。

芥川は府立三中から一高へと進んで、久米正雄、菊池寛、渋沢秀雄らと知り合い、東京帝大に入学する。

他方、府立三中で一級上にいたのが久保田万太郎だが、数学の成績が悪く慶応だった。

浅草生まれの久保田は〝隅田川をこよなく愛した〟劇作家で俳人、それが代名詞だが関東大震災で自宅が被害を受けたこともあり、その頃から田端の芥川と行き来するようになる。十五年には日暮里諏訪神社前に引っ越してより親しさを増していった。
芥川の死を久保田は、父はどう受け止めたのか……。

芥川の「眠る河童図」という逸品が、昭和二十九年八月十日付の朝日新聞に紹介されている。この日から五日間、名古屋のＡＢＣ会館八階で開催の「河童短冊展」に目玉として展示された俳画である。このビルに朝日新聞が入っていた関係だろう。
小説に因み、また自分の顔が河童に似ていると語っていた芥川が、河童の絵を好んで描いたことはよく知られており、俳句も残している。しかし、この眠り姿の河童は極めて珍しく、発表されたのは名古屋が初めて。それも自死の三日前の作だという。

蒲の穂はなびきそめつつ蓮の花

死を秘めた心境が〝眠る河童〟に暗示されたとも解釈できる。俳画は芥川が久保田に贈呈したもので、箱書の表に「芥川龍之介」とあり、裏に「久保田万太郎」の署名。朝日新聞の記事には、次のような解説が加えられている。
●……これを名古屋市中村区納屋町寺田栄一氏が久保田万太郎氏から譲り受けた。

大変なお宝である。多少なりともモノを書いてはいても、私に芥川賞を獲る才はない。それでも直筆の俳画は、偉大な文学賞をはるかに凌ぐ値打ちを持つ。だのに何処へ消えたのか家中を探し回っても見当たらぬ。納屋橋から八事に越し、その家を建て直し、またリフォーム。どさくさに紛れ……。

まさか、空き巣ではなかろうが、今さら警察沙汰でもなし、何にせよ人生最大のショックを息子は受けている。

栄一の悪い癖は欲の無さ。性欲に反比例して物欲、金銭欲がまるで欠落していたから何でもかでも欲しいと言われれば、惜しげもなく手渡ししてしまう。前田青邨、梅原龍三郎、伊東深水、そう、朝丘雪路の父だが、画壇の重鎮と親しくしていたにも拘わらず現在、納戸はガラ空きだ。

考えてみれば――古い料亭だった我が家には白壁の土蔵が有り、座敷で使う食器はもちろん、床の間や違い棚の飾り物などが仕舞われていた。そして、これらもまた失せてしまったのである。しっかりと南京錠を掛けていなかったのは父の落ち度だが、にしても高価な品々が忽然と消えたのは、如何なる理由か。父自身、あれは確か蔵に収めておいた筈だが、なぜ見当たらないのかと首を捻っていたのは私が大学時代。わざわざ土蔵から父が持ち出して人手に渡すとは考えられず、高価な品々はどこに失せたのか。父の記憶違いもあるのだろう。

欲の無さにつき息子は様々な不満を抱かざるを得ない。納屋橋に住んでいた頃も、我が家が所有していた土地を他人様に貸す場合は相場の半値、固定資産税が上がるたび母が、申し訳ないのですが、かくなる次第でと頭を下げる情けなさ。反対に受け取る原稿料は、それがマスコミ、出版界の常識とはいえ、いくらでも構いませんと先方の言い値のまま、釣りあげることを知らぬ。斜向かいの高山額縁店のオーナーをはじめ、とんかつ屋の大将ら商売人の多い土地柄でもあったから、まったく寺田さんはと呆れられ、見とって歯がゆいわと、いつも笑われていたものだ。

久保田と隅田川の関りも少なからず寺田栄一に影響を与えている。〝堀川をこよなく愛した寺田栄一〟と、自他ともに認めていた形容詞。納屋町に生まれ、八事に引っ越すまで六十一年間、この地に住んだには違いないが、久保田と隅田川に自らを重ね合わせていた節が十二分にある。

周囲に左右されやすい――わけても、久保田先生がおっしゃるのだからと、ひたすら従ってしまい、例えば原稿用紙を埋める万年筆の文字、いや、普段のちょっとしたメモ書きまでクボマン流の字体を真似していたほどであったし、旧仮名への執着も同様だ。納屋町の庭に咲き乱れていた朝顔も、振り返れば……。

名古屋演劇ペンクラブや後述する「ねんげ句会」で親しかった殿島蒼人の物言いも無条件で受け入れてしまう。殿島が、最近は米がまずくなったとこぼせば額面通りに受け取り、その都度、母が米屋を探し回らねばならなかった。

殿島は、中部日本新聞の社会部長、文化部長を歴任、大映に転じて宣伝課長などを務めた人だが、まさしく昔のブンヤ気質そのもの。面倒見が良い反面、横柄な親分肌でもあり、あの時代だから通用した傑物と言えるだろう。父などは、お前さん、もっと威張った方がいいぞと突かれ、返答に窮していたことさえあった。

影響されやすい……似たような笑い話がある。

私が小学校四年くらいだったか、腹が痛いと父が言い出した。何事にも大袈裟な父ではあったがまずは薬をと、母が富山のそれをコップの水と共に手渡し、飲んだ父は布団を敷いて横になった。

一時間ほど経ち、うむ、治ったようだと起き上がる。

しげしげと薬箱を見つめていた母が、こっそり私に耳打ちした。

「お父ちゃんが飲んだの、どうも痔の座薬らしい」

プラシーボ効果を知ったのは、四十年以上が過ぎてからだ。

【幕間】

昭和二年九月、いっときの別れを語ろう。

宮田と伊藤廉が渡仏することになった。

伊藤は洋画の勉強でルオーに師事する目的。

宮田はパスツール研究所に学ぶためだった。何しろ絵と医学の二刀流、というより医者の息子だ。まずは家業優先と慶応の医学部に進み、卒論は「破傷風毒素精製に関する研究」である。

二人は名古屋の——当時は築港と呼ばれた埠頭から船に乗り込んだ。見送ったのは栄一に加え画家仲間の佐分眞と医師の青井東平、それに俳人の杉浦冷石。なのだが、呑み助は岸壁の四人。父が買い求めたか、「得月楼」の秘蔵品か、オールド・パアですっかり出来上がってしまったという。

父の懐かし気な回想。

「洒落で済むんだよなあ、あの仲間とは」

泉鏡花の「歌行燈」冒頭になぞらえれば……、月の良い晩であった。

宮田と伊藤は神戸港から大型船「香取丸」でフランスへと旅立ったが、船客の紅一点が料理研究家の江上トミである。

江上はパリのコルドン・ブルー料理学校に入学、戦後は江上料理学院を開校し、テレビの料理番組では《ご家庭の幸せは愛情を込めた料理から》をモットーに活躍した。宮田を介し、栄一のガールフレンドだったかもしれない。

【二幕　五場】

朝日新聞の「納屋橋のころ」では劇作家であり、歌の伯爵と言われ人気を集めた吉井勇にも紙幅を割いている。花柳界を詠んだら右に出る者はいない――それで気が合ったのかは別として「得月楼」に最も長期間、滞在したのは吉井だろう。大正の末に築地で知り合い戦争が激しくなって疎開するまでときどき訪れ、朝から酌み交わしては文学や芸術、芸能に話をはずませた。

青瓜《せいか》――昭和二十年代の終わりまで、この俳号を用いていた栄一に、耽美派ならではの歌を贈っている。

納屋橋の青瓜の家の年祝ぎの酒のにほいすあはれかすかに

吉井は、いわゆる流行歌の作詞も手掛け、中山晋平の曲と相俟った名曲が「ゴンドラの唄」だ。最近、にわかに脚光を浴びた。

令和元年八月に公開されたドイツ映画「命みじかし、恋せよ乙女」は樹木希林の遺作でもあるが、挿入歌「ゴンドラの唄」の出だしがそのまま邦題になった。日本の文化に関心を寄せ、小津安二郎、黒澤明、溝口健二に惹かれたというドーリス・デリエ監督の意向を汲み取っての日本語タイトルだ。

遡って昭和二十七年に公開された黒澤明「生きる」では、市役所の市民課長に扮した志村喬が雪の舞う中、公園のブランコを揺らして歌う名シーンが出て来る。ポスターにも使われ、国内外で高い評価を受けた映画だ。

「ゴンドラの唄」が発表されたのは大正四年。初めて歌った役者は、これも松井須磨子である。芸術座の第五回公演、ツルゲーネフの「その前夜」の劇中歌で、アンデルセンの「即興詩人」を森鷗外が訳し、これを元に吉井が詞を書いた。作曲は、カチューシャと同じ中山だ。須磨子のあとも森繁久彌が歌い継ぎ、あるいは小林旭、藤圭子ら異色の十数人がレコーディング。百年以上にわたるロングヒットになっている。

小説では平成十八年、森見登美彦が「夜は短し歩けよ乙女」を書いて、山本周五郎賞に輝き、直木賞候補に挙げられたほか、本屋大賞第二位。累計百三十万部を超す売れ行きという。湯浅政明監督がアニメ化し公開されたのは二十九年。オタワ国際アニメーションフェスティバルの長編部門でグランプリ、日本アカデミー賞では最優秀作品賞を獲った。

舞台は京都。冴えない大学生の〝私〟は、後輩の黒髪の乙女を追いかけて何とか振り向かせようと躍起だが、乙女に気持ちが伝わることは無い。奇妙奇天烈な脇役が絡み、ファンタジックな物語が展開する。

森見は京都大学卒。軽いタッチの小説は、京都に住み続けた吉井勇へのオマージュであり書店で平積みを見掛けた刹那、私は父と吉井が呼び寄せたのではないかと、つい買い求めてしまった。

吉井について補足しよう。

明治十九年生まれの吉井は、旧薩摩藩士の血を引く伯爵。大正十年に柳原白蓮の兄、義光の次女、徳子と結婚するが、昭和八年、徳子が〝不良華族事件〟の首謀者とみなされてしまう。赤坂のダンスホールの主任教師が、上流階級の婦人やダンサーを斡旋した醜聞は、各新聞を賑わせた。

離婚した吉井は香川に隠棲、再婚し昭和十三年から京都に住んだ。

新劇協会にいた伊志井寛を「得月楼」に連れてきたのも吉井だったと「納屋橋のころ」にある。故・橋田壽賀子と組んで「わたる世間は鬼ばかり」などのヒットドラマを連発した大プロデューサー、石井ふく子の継父が伊志井である。伊志井とも打ち解けた父は、頼まれて昭和二年の九月二十七、八日、新劇協会を新守座へ持ってきた。演目は山本有三の「嘉門と七郎衛門」、クゥルトリーヌ「わが家の平和」、金子洋文「牝鶏」。役者は伊志井に加え畑中蓼坡《りょうは》、伊澤蘭奢《らんじゃ》、花柳はるみら。

伊志井とは、お互いが没する昭和四十七年まで——数えれば四十五年の付き合いになった。父が四月七日に他界し、伊志井は二十九日である。

抱月がスペイン風邪で逝き、後を追って須磨子が縊死。新劇史を踏まえればショート・リリーフといえ見逃すことが出来ない女優は、蘭奢と花柳はるみだ。

蘭奢は、活動弁士だった徳川夢声と永く、男女の仲だったことでも知られる。一高の受験に失敗した十九歳の夢声を誘った、五歳うえの、恋多き女だった。

花柳はるみは映画女優第一号でもある。大正八年、帰山教正が実験的に撮影した「深山の乙女」がそれ。築地にも出ているが、小山内の歿後、愛知県常滑市の瀧田英二と結婚した。知多半島の廻船問屋である。

蓼坡は、演出が本業ながら俳優も兼ねた。その後、映画に転じ、初代水谷八重子で撮った「寒椿」は、無声映画の傑作と言われている。

昭和二十九年三月二十三日付の名古屋タイムズに《公開電話》という洒落た企画が掲載されている。名古屋中局一七五〇番の寺田栄一と、京都吉田二四二番の吉井勇を結ぶ対談だ。父が黒っぽい受話器を握る笑顔の写真があり、下に小さく吉井のバストショット。こちらは名タイの資料部にあるものを使ったのだろう。また、電話と言っても簡単に架けられる時代ではなく、電話局の交換手を呼び出して繋いでもらい、記者が書き留める形で作った紙面だと思う。

時候の挨拶などを簡単に済ませ、吉井が語り掛ける。

「昨年の九月に歌舞伎座で会いましたね、何だったの」

「曾我廼家五郎の芝居の演出を頼まれて、打ち合わせだったんです」

お互い芝居に詳しく、それも久保田や伊志井らを通じ新派が贔屓だから、勢い、その話題になる。吉井が言う。

「南座で喜多村緑郎君と会いました。本を書いて欲しいと」

「久保田先生にはお会いですか」

「この前、東京へ行ったとき会いました。芸術院の会合などで、ときどき会いますよ。里見弴君は、こちらへ来ました。なかなか元気でね」

京美人にも話が及ぶ。これは栄一から。

「昔の京都の女の人の顔と今の人とはちがうように思うんですが……」

「違ってきましたね。しかし祇園などへ行って舞子さんの顔をみると昔の影が残ってますよ。イイ舞子さんが出てきました。一度おでかけなさい」

電話の終わりに、新しい歌をと栄一が願うと、吉井は、二、三年前の正月に作った歌で多少、ボクの気持ちが出ていると……

鉄斎は老いてすぐれし絵をかきぬ年のはじめに思うことこれ

吉井勇、古希の前年である。

電話の中に出てきた喜多村は昭和十四年、伊志井や花柳章太郎、柳永二郎、大谷市次郎と新生新派を結成する。

喜多村の外孫が、文学座を本拠に活躍した演出家の戌井市郎だ。

記事の〝続編〟が載ったのは、わずか一か月後、四月二十六日付の名タイである。国鉄で岐阜県各務原市の鵜沼へ向かう途中、名古屋に降り立った吉井を栄一が迎え、駅長室で対談した。

栄一が口火を切る。

「名古屋は久しぶりですね」

「十年ぶりくらいかな。この前きたときは駅がこんなに立派じゃなかった。随分かわったね」

「かわりましたし、みんな死にました」

「西川鯉三郎さん、お元気ですか」

吉井が気にしたのは新橋演舞場で東おどりが上演中。吉井勇作詞、西川鯉三郎振付の「道成寺絵巻」が主演目であった。栄一が逆に吉井の感想を求める。

「あの人の振付、どうでした」

「いいですね。あの人の振りが一番いい」

「先生、近ごろ歌の方は」

「ああ、名古屋は歌の盛んなところだね。私はもう余り作っていない。歌壇は狭いね、厭になった。何も歌ばかりが私の仕事じゃないもの」


名タイの《公開電話》で、父が歌舞伎座に居たのは、曾我廼家五郎劇の演出を頼まれ、その打ち合わせでしたと、吉井勇に答えた一件である。

大須・新歌舞伎座の三月公演、曾我廼家五郎劇を指す。築地小劇場以来、新劇を主軸に生きてきた父が、がらりと趣を変えて娯楽路線。喜劇とはいえモリエールなど本格喜劇とは全く違い、かといってイタリアの笑劇、ファルスの作家、デ・フィリッポとも一線を画す舞台である。

曾我廼家五郎劇。この、個性的で伝統ある劇団の説明が先だろう。五郎は明治十年、泉州堺の生まれ。大阪で丁稚奉公に上がってから歌舞伎界に入るも飛び出し、十郎、一満とともに曾我廼家兄弟劇を旗揚げする。それまでの、寸劇風の俄《にわか》に飽き足らなかったのだ。日露戦争を題材にした「無筆の号外」で一躍、名を馳せたが、劇団の看板、名前は何度も変わっている。

終戦直後の昭和二十三年十一月、五郎が死去すると翌十二月、二代目渋谷天外、曾我廼家十吾、藤山寛美らが枝分かれして松竹家庭劇を創立。のちの松竹新喜劇へと繋がり、涙と笑いの人情劇は全国にファンを獲得していく。

一方、エノケンや古川ロッパに大きな影響を与えた本流の五郎一座も世間に支持されていた。身内贔屓になるが父に演出の依頼が舞い込んだのは曾我廼家劇が名古屋でも実績を重ねたかった所為とみていい。

中部日本新聞、CBC、それに新歌舞伎座が前の年、一般募集した喜劇脚本の第一位当選作、鈴木正三の「将軍と参謀と兵」一幕三場を父が改補し、新歌舞伎座の板に乗せた。昭和十七年に阪妻こと阪東妻三郎の主演で日活が配給した同名の国策映画の裏返し版である。明治、大正、昭和と守り通してきた曾我廼家劇のいわば古典を並べた一か月興行のうち、二の替り狂言、十一日から二十日までの、これだけが新作だった。

元将軍（宝蝶）が追放解除で帰って来ると、一人娘のミツエ（和蝶）は元参謀（林蝶）の世話になっていて、将軍の元従卒の金融会社社長（蝶八）が、娘を寄越すか金を返すかと参謀を苦しめている。敗戦後の三人の姿を描いた風刺とウイットに溢れた大衆劇。弁天が質屋の主人役で全体を引き締めているのが、五郎劇ならでは。

演出者の言を父がパンフレットに綴っている。

●……題名からうける印象はいかにも難しい理屈っぽい芝居のようである。しかし実際はまことに愉快な、罪のないものなのだ。それでいて金銭に対する人間の慾心、アプリゲールの恋愛心理などに作者はピリッと風刺を効かせている。心憎いというほかない。

十日間の舞台は客の入りもよく、新聞各紙の芸能欄でもおおむね好評だった。中部日本新聞は共催だから外すとして、毎日新聞のそれを引用しておく。

●……しろうとくさい作品ではあるが奇妙なフレッシュさもあって、他の曾我廼家五郎劇とはまた変わった面白さがある。なによりも当代のニオイがあるのと、唐突きわまるシチュエーションの転移が愉快である。セリフにたよりきっている戯曲に動きを与えて、曾我廼家のもつ独特の喜劇味を生かそうとしたところに、演出者の苦心がほの見える。

明けて三十年一月、同じ新歌舞伎座に五郎劇が来演したのは二匹目のどじょうが狙いだろう。二十六日から二月四日まで「一つのリンゴ」を父が改訂、新演出で見せている。

金の融通に窮した実業家が出来心から、他人の置き忘れた現金三十万円を盗もうとする。しかし、たまたま居合わせた女工夫が僅か一つのリンゴを誤魔化そうとした娘に折檻を加える様子を目にし悔悟させられる。女の亭主は刑務所に在り、それだけに白眼視されながらも自分たち母子だけは正しく生き抜こうと誓っていたのだ。

五郎が、一堺漁人の筆名で書いた脚本を元に、背景を大正から昭和に移し、男の工夫を女に直した。


中部経済新聞に評が載っている。

●……率直にいってまだ一〇〇パーセントの効果を上げるところまでは行っていないようだ。演出者のねらいと俳優の演技とがぴったり合致しないのが大きな障害となっている。演出者は近代演劇の本道によってサラッとしたうちに、よい意味の五郎劇独特の味を盛り込もうと意図しているらしいのに、アクの強いこの一座の人たちは、容易にこれに解け込めないらしい。無理もないことではあるが、この壁を破る努力こそ五郎劇の新しい道を拓くものである。その点で今度の企画はムダではなかった。

毎日、中経とも、芸能記者かプロの評論家かは不明だが、確かな舞台観に舌を巻く。尤も、各社それぞれ寺田栄一には劇評を頼む事情もあるから、相応の匙加減をしたのではと息子は勘繰っている。

テレビ塔でのモダン豆まき　右上の鬼が栄一

「一つのリンゴ」の千秋楽を控えた三日、父は名古屋市中区栄の久屋大通公園に前年六月、竣工したテレビ塔でのモダン豆まきに招かれている。名タイの主催によるもので、地上九十メートルの展望台の屋根の上に、年男の神野金之助名古屋商工会議所会頭、北王英一東山動物園長らが集まり、青鬼の栄一、赤鬼の岡戸武平に豆を投げつける趣向。

イベントの模様はNHK名古屋がフィルムに収め小牧空港から東京へ輸送、全国に放映された。午後九時のニュースだと思う。

それにつけても皮肉ではないか。NHKが昭和二十八年二月一日にテレビの本放送をスタート、全国に網を巡らせ、民放も次々に誕生する。とりわけ民放は宣伝効果の大きさが予想を遥かに上回って隆盛を極めるに至り、番組そのものの質は措き茶の間を席巻、14インチのブラウン管が娯楽の王座にのし上がってしまう。結句、映画は斜陽になり芝居小屋も閑古鳥。二代目の渋谷天外が病に倒れ、藤山寛美が一枚看板で支えて、いつも大入りだった松竹新喜劇さえ、フランチャイズの大阪・中座だけでなく京都・南座、名古屋・御園座、東京・新橋演舞場など、いずれもドル箱を失った。他の月興行は推して知るべし。商業芝居でも団体を取らねば成り立たないとなれば最早……。

商業芝居について、引く。

二代目天外の裏話を栄一が名タイに寄せたのは、三十二年六月十二日付の紙面。息子は気に入っている一文なので要約を紹介したい。父が初代天外の芝居「楽天会」を観たのは十一歳だったと前置きし、二代目とのエピソードへ。

●……昭和十七年、まだ「松竹家庭劇」といった頃。ある人の仲立ちでぼくは天外さんと酒席を共にした。お互い、いける口だから初めは良かったが喜劇論に及び延々ケンカ腰の数時間。引き合わせた友人こそいい面の皮で、迷惑そうにチビチビ杯を舐めている憐れさだった。

間もなく、御園座に再び「家庭劇」がかかり、どういうキッカケか同じ友達の勧めから天外さんと会うことになった。絶対に議論は抜きだよと釘を刺されての相伴。現れた天外さんはぼくの顔を確かめるなり一冊の岩波文庫をポンと出し「これ、読みなはれ」……表紙を見るとアンリ・ベルクソン著「笑」。そのあとはサッパリしたもの。大いに飲んだ。

〝此間十年相立ち中候〟

二十七年十月の御園座は、天外さんの自作、自演出、自演による「桂春団治」、十一月が「後編桂春団治」。いずれも傑作と大評判。名古屋演劇ペンクラブで会見しようということになった。

(覚えてるかな? 十年前のことを)ぼくはそう考えながら約束の場所へ出掛けた。

顔を合わせたとたん、彼氏はニヤリと笑った。あのニヤリは確かに覚えているニヤリである。ぼくもニヤリと会釈しながら(若かったナ、俺もあのころは)とつくづく思った。彼氏もきっと腹の中で同じことを思ったに違いない。

吉井勇と並び「得月楼」に長期逗留したといえば、日本画の重鎮、前田青邨を忘れてはなるまい。

岐阜県中津川の出身。「院展」が全国を巡回する際、名古屋の会場は松坂屋が使われ、晩餐会は「得月楼」と決まっていた。文化人のサロンと呼ばれた所以の一つでもあるのだが、父の記憶では大正十二年ごろ……関東大震災の直後ではなかろうか。神奈川県鶴見のアトリエが被災し、故郷の隣県でもある愛知へ。納屋橋の料亭を仮の仕事場に充てたらしい。滞在は数か月に及んだが青邨は毎朝、板前とともに市場へと出向き、朝食の食材を線描きしたという。

青邨を語る時、息子は胸の痛みを感ぜずにいられない。「得月楼」に滞在中だろうか。違い棚に置かれていた料紙箱と硯箱に巨匠は目を惹かれた。桐の白木である。そして、何か描いて差し上げたいと自ら申し出たのは、父への感謝も込めてのことだったかも知れぬ。何年かが過ぎ、青邨が直々に「得月楼」を訪れ持参した箱は、えんどうの花に彩られていた。板前と連れ立って行った市場での印象が眼裏に鮮やか、そう考えられないか。

残念だが息子は、美術に関しては門外漢である。物故した画家の作品は今後、出回ることがないから高値になるのが常識とか、愛知県立芸大を卒業した奈良美智が桁外れの評価を得たなど、下世話な知識しかない。そうした意味で青邨は、グローバルな画家ではあるまい。父したがって青邨が幾らで取引されるのか、全く興味は持っていない。えんどうの花は、父に対する青邨の心であり、父への敬愛の念であり、人柄でもあったと捉えているのだが、芥川の河童と同じく……。

青邨の妻は、荻江節の五代目家元、荻江露友。弟子の一人が御園座の社長を務めた長谷川栄一で、荻江露栄といった。名前が同じというだけでなく芸を理解する者同士、寺田栄一とは相通じる部分が多々あったのだろう。

長谷川栄一は、芸能担当の新聞記者だった私に芸とは何か、芸を記事にするにはどう書けばいいかを親切に教えてくれた師でもある。息子の胸の痛みは、そんな恩義、温情にも因る。

【二幕　六場】

青天の霹靂。時を戻し――寺田栄一にとって小山内薫の訃報は、まさにそれである。

昭和三年十二月、築地小劇場は、この年最後の公演に円地文子――まだ上田文子と名乗っていた彼女の「晩春騒夜」と北村寿夫作「当世立志伝」で臨み、二十五日、作者招待の慰労会を日本橋の中華料理店、偕楽園で開いた。円地の戯曲に初のスポット、記念を兼ねての催しである。小山内が心臓発作を起こし倒れたのは会の最中、仮死状態のまま自宅に運ばれ、不帰の客となった。四十八歳は、如何にも若い。二十年、否、十年、長生きしていたら、日本の演劇事情は大幅に変わっていた。

もともと大動脈瘤の不安を抱えていた小山内だが、しかし、関東大震災で首都圏の劇場が壊滅的な被害を受けたために東奔西走。その上、ソ連の革命十周年に来賓として招かれるなど無理がたたり、過労に過労を重ねた結果であることは疑うまでもなかろう。

関西へ向かう途次、しばしば「得月楼」に立ち寄って芝居を語り、父も純粋な心持ちで吸収していただけに失望、落胆は計り知れない。

築地は、年長である小山内のリーダーシップと土方與志の金銭援助、そんなバランスの上に保たれていた。したがって支柱を失えば土方が退団を申し出るのは当然とも言え、丸山定夫や山本安英ら六人も同調した。更には久保栄らも加わり「新築地劇団」が組織されるのである。

土方は前にも記した通りアカ華族と呼ばれ、伯爵の身分とは裏腹、治安維持法に問われた思想の持ち主だ。栄一にはおよそ受け容れ難い人物だったろう。

断っておくが、父が右翼だった訳ではない。何ぶんにもあの時代である。天皇陛下万歳の教育を叩き込まれた普通の国民のひとりでしかなく、むしろ新劇にのめり込むような輩の方が特異、国家から見れば危険分子が多かった。だから昭和八年三月、特高警察の拷問により死亡した小林多喜二の労農葬が築地小劇場で執り行われた際も父は全くの無関心だったに違いない。

師の急逝を受けて栄一は早速、行動を起こしている。水上滝太郎、里見、久保田を独力で名古屋に招き、追悼講演会を開いたのだ。言うまでもなくアゴアシ付き。アゴは「得月楼」だろうが、生半のギャラではなかったと思う。

小山内死去の喪失感を埋めたのが、大正十四年から知遇を得ていた久保田万太郎で、以後、師弟関係を結んだことは、これまでに記した。右左に関係なく芸術至上主義の芝居に打ち込み、こうした演劇観は最期まで変わらなかった。正確に表現すれば思想に関心を抱かず、久保田を追って築地から文学座へ――流れが物語る。

久保田を通し、演劇界だけでなく文学関係者へも人脈を広げていった父だが顧みると、もっと前に下地が敷かれていたようだ。

固い話になるが、小山内の〝舌禍事件〟を見てみよう。河竹繁俊著「日本演劇全史」（岩波書店）から抜粋する。

大正十三年五月二十日、築地開場に先立ち、小山内は慶応大学のホールで慶応演劇研究会が主催する講演会に臨み、次のように発言した。
●……演出者として、日本の既成作家の創作からは何ら演出欲をそそられないので、日本の物は上演しない。
舌禍というよりも、舌足らず、小山内の新劇に賭ける一種、潔さが成せる業だったのだが、異を唱えたのが山本有三である。「築地小劇場の反省を促す」という小論が七月、演劇新潮に掲載された。新劇草創期の、権威ある演劇総合雑誌で、同人は山本の他、菊池寛、久米正雄、長与善郎、岡本綺堂、中村吉蔵、里見弴、井原青々園、吉井勇、谷崎潤一郎、三宅周太郎……小山内、久保田も名を連ねていた。

山本は、日本の戯曲作家を無視するような言い方ではないかと指摘したのだが悪意に満ちた意見ではなく、小山内の表現方法の稚拙さと、未熟を注意した程度だった。

これに対し小山内は、演劇新潮の翌八月号で「築地小劇場は何の為に存在するか」を論じて応酬。やがて同人たちは小山内、土方の出席を要請し、新進の岸田國士をも加えて演劇新潮談話会が開かれるに至った。これにより論争は一応の和解を見、小山内は改めて見解を述べる。

●……西洋の芝居ばかりやるのじゃないということは明らかに言います。日本の将来の芝居の為に存在していることは明らかに言います。創作の方でも、既成作家というような言葉を使ったので或いは仮想敵視したと思われたかもしれないが、僕自身を含んで居るのだから構わないと思っているのです。

築地の客員になる前の出来事だから小山内を敬してはいても父が論争を直接、聞いてはいないだろう。けれど、他の同人と相次ぎ親交を深める中で、山本有三を好ましく受け止めていなかったことは事実だ。「波」を読んでいた、中学生の息子に、泣かせるだけの小説と切り捨てたことがある。

いま振り返り、父は久米正雄の側に居たのではないかと息子は考える。山本は夏目漱石の弟子だった久米正雄と仲が悪く、父は〝破船事件〟が許せなかったのだろう、と。

事件は、久米が漱石の長女、筆子を巡って松岡譲と争った際、久米を陥れるように〈女狂い、性的不能者、性病患者〉などと誹謗中傷の限りを尽くした怪文書が夏目家へ送られたもので、山本の仕業だと口にする関係者は多い。

加えて父は久保田に倣い、死ぬまで旧仮名遣いに固執していた。山本が賛同した憲法の口語化問題、ひいては当用漢字や現代仮名の推進にも馴染めなかったに違いない。父の立場に在れば久保田の影響だけでなく、俳人が旧仮名に執着するのは至極、普通の感覚でもある。

その後、敬慕の念を抱くに至る里見弴との仲立ちをしたのは、親しかった久米よりも、むしろ吉井勇の気がする。《公開電話》で吉井が、里見弴君が先日こちらへ来ましたよと、わざわざ栄一に伝えたのも二人の間柄を表す証左だと思うのだ。吉井と久米は大正八年、雑誌「人間」を創刊した同志である。

里見に可愛がられ、前述の通り栄一はいっそう文学や演劇の世界に溶け込んでいく。里見は小説だけでなく歌舞伎、新派、また新劇では文学座の戯曲や演出にも携わった。名優、花柳章太郎の〝花柳十種〟に数えられる「鶴亀」は昭和十五年、里見が本を書いて久保田が演出し、明治座で初演された作品だ。

「人間」よりも前の明治四十三年、志賀直哉と武者小路実篤による「白樺」に、里見は二人の兄――有島武郎、生馬と共に参加している。この縁から里見は、志賀の導きで吉原通いを始め、両親を強引に説得して大阪の芸妓、山中まさと結婚する。経緯をもとに書いたのが代表作の「今年竹」や「多情仏心」だ。

大正十二年、兄の有島武郎が心中するが、里見は幾分、冷ややかに見つめている。

「兄貴はあんまり女を知らないから、あんな死に方をするんだよ」

言いかえれば吉原は、里見の心の拠り所の一つで、寺田栄一と何かしら通じるものがあったのかも知れぬ。栄一も里見や志賀と連れ立って吉原には行っていようが、メインフィールドは名古屋だ。

旭郭に象徴される大須のそれが中村へ移転を始めたのは大正九年。いきなり引っ越したのではなく、数年を掛け、少しずつ移っていった訳だが、五代目の哲二の死が九年とくれば、父が大っぴらに遊べるようになったのは中村遊郭であろう。中村は吉原を模して造られたとも記録されており、父は両方に共通した情緒や親しみを抱いていたかも知れない。年の差もあるから、大須を好んだとされる後藤新平とは、若干の隔たりがある。

また聞きだが……。

料亭の倅とはいえ三度の食事は、賄いではない。それでも気に入らぬ料理を板前が作って出せば、たちまち膳をひっくり返す。

「こんな不味いもんが食えるかッ」

手をつけた女中も一人や二人ではない。

絵に描いた様な放蕩息子を〝更生〟させたのは、人格者だった小山内薫であり、小山内が泉下の客となってから師事した、久保田万太郎には違いない。

そして――

フランスのパスツール研究所に学んでいた宮田が戻ったのは昭和四年。久保田の導きと併せ、小山内を喪った深い闇を埋めるには宮田の帰国も大きな役割を果たしたはずだ。


もう一人、父を語る時どうしても必要な人物が岡戸武平である。先に尾張横須賀出身の作家、編集者とだけ紹介したが、これまた栄一の盟友だった。

明治三十年、現在の東海市に生まれ、第一回直木賞候補に挙げられた。戦後は中部経済新聞に請われて「石田退三伝」ほか愛知の企業や経営者のノンフィクションを綴るなど地元に多大な功績を残し、同紙に永らくエッセイ「筆だこ」「続・筆だこ」を連載していたにも拘らず、その足跡は極めて曖昧でルーツを辿る文献も情けないほど少ない。愛知県や名古屋市、東海市が文化、芸術の理解になんと疎かだと呆れるが、父との交遊などで知ったことだけを取り敢えずまとめておく。

岡戸は、小学校の教員が社会人生活の振り出しだった。けれど遊郭から出勤して校長に咎められ躊躇わず退職する。栄一は商業学校時代、遊郭の二階から下を通り掛かった教師に声を掛け叱責された経験の持ち主。〝同じ穴〟と表現すべきかは兎も角、似たような仲だったとは見てもいい。売春防止法の施行から十数年が経った昭和五十年ごろ「筆だこ」にトルコ風呂へ行った体験を書き、情緒が足りないと嘆いていた。

教師を辞めた後、名古屋新聞に就職、次いで大阪時事新報社の記者になった。ここで同僚だった平井太郎が、江戸川乱歩である。

多くの人々が不治の病と恐れた結核に岡戸も冒され記者稼業を中断するが、快癒して小酒井不木の助手となり「闘病術」の執筆に協力した。

昭和二年、上京して「博文館」に入社。ちょうど編集主任の森下雨村が乱歩をデビューさせた時期にあたる。乱歩の処女作は「二銭銅貨」。海外物の盗用ではないかと疑った雨村が不木に確認して掲載に踏み切った。

不木は名古屋市近郊の海部郡蟹江町の出身。医学者、随筆家、翻訳家、探偵小説家などの肩書を持つ。国枝史郎、長谷川伸らと大衆向けの小説、主に探偵小説の「耽綺社」を結成、鶴舞公園裏の自宅や近くの料亭「寸楽園」に集い、若手を育てたが矢張り結核に倒れ昭和四年、三十九歳の若さで世を去った。

横溝正史を不木に紹介したのが、乱歩である。

乱歩は大正十四年十月、神戸の薬剤師だった横溝を誘って上京の途中、思い立って名古屋で下車。小酒井邸に向かった。横溝は後年、書生のような自分にも丁寧な言葉遣いをしたと、不木の人柄を讃えている。小山内薫に似て紳士だった。

国枝は、耽奇社で学ぶうち、講談社倶楽部に「神秘昆虫館」を、文藝春秋に「暁の鐘は西北より」を連載。乱歩ひとりではなく小栗虫太郎、夢野久作、久生十蘭ら怪奇幻想ものの作家を育てた。

長谷川の説明は、今さらだ。むしろ時代物の戯曲で当たりを取り、新国劇の創立者、澤田正二郎のために書き下ろした「沓掛時次郎」を皮切りに「関の弥太っぺ」「瞼の母」「一本刀土俵入り」……。

父の交遊関係では珍しい人々かも知れないが、名古屋に拠点を置きながら不木と耽奇社は、日本の大衆文学を語る上で欠かせぬ存在だ。

岡戸は、昭和八年まで刊行されていた「文芸倶楽部」の最後の編集主任を務め、送り出した作家は、川口松太郎、久米正雄、大佛次郎、片岡鉄兵、野村胡堂、岡本綺堂、佐々木味津三ら。乱歩の代作を引き受け「蠢く触手」を書いてもいるがグロテスクという以外、評価は芳しくない。

ともあれ、こうした作家たちは父とも交流があり、岡戸と父が知り合ったのもこの時分と推察できる。昭和三年一月、名古屋の新守座で上演の「残されし一人」に新生新派を背負う喜多村緑郎が出た際、立ち稽古を見詰める不木の真剣な姿があったと、父は書き残している。

昭和十年、菊池寛が文藝春秋社の社長になって、芥川賞と直木賞が設けられる。文春の宣伝が最初の狙いだったと言うから、昨今、これらが我が国を代表する二大文学賞になるなど菊池が予想していたかどうか分からない。事実、岡戸の場合は小説よりも編集者の功績が評価されて候補に挙げられた。いささか皮肉だが直木賞は岡戸が面倒を見、「鶴八鶴次郎」「風流深川唄」を発表した川口、芥川賞は「蒼氓」の石川達三であった。

私の個人的な岡戸の記憶は、昭和三十二年と三年、南区の内田橋脇の船宿「大阪屋」から鍋田干拓の沖に出たハゼ釣りである。岡戸の他に演劇評論家の殿島蒼人、上野千秋、名大英文学……未だ助教授の原陟《たかし》ら十数人。「ねんげ句会」と「名古屋演劇ペンクラブ」の混成チームだった。ただし、私は船酔いして筵《むしろ》にくたばっており、褞袍《どてら》姿で釣り糸を垂れる爺むさい人、それがおぼろげな第一印象でしかない。計算すれば岡戸は還暦の直後だ。小学四、五年生から見れば間違いなく爺さんである。この行事は三十四年、伊勢湾台風が東海地方に甚大な被害をもたらしたこともあり中止になった。

演劇、俳句仲間とのハゼ釣り
左から：岡戸武平、原陟　栄一

心臓に毛が生え、それが白髪になったとまで陰口を叩かれていた殿島。上野千秋は一の子分と私は記憶している。

　上野も波乱の生涯を送った人だ。戦前は、朝鮮で金山会社の設立にかかわり、帰国して名古屋の毎日新聞に勤務。ＮＨＫに入局すると、愛知県の東部にある鳳来寺山にマイクなど機材一式を運び込み、ブッポウソウの鳴き声を全国に中継して男を上げた。録音設備が無い時代ゆえに生放送。それも、ほとんど鳴き声を聞いた人がいないのだから、イチかバチかの放送だった。

　ところが、これに気をよくして今度は、本宮山の妻恋う鹿の声をと企画。大掛かりな態勢で挑んだものの鹿が啼いたのは、三十分枠でたった二回。

「上野君、一声いくらだ」

　上司に叱責され、失敗が原因か、二十六年、開局したばかりのＣＢＣに転職した。放送を主体に生きたジャーナリストである。

最初のハゼ釣りに行く三か月前の夏休み、母が突然、東京見物をすると言い出した。我が家は弟を含め三人連れ。斜向かいの高山額縁店の喜久代、やよひ母娘も賛成し国鉄の準急「東海号」に乗り込んだ。高山母娘は品川で下車。我々は世田谷の親戚を頼り、はとバスで皇居遥拝をはじめ、お上りさん丸出しの銀ブラ、果ては江の島へも足を延ばしたが、子どもにとって二重橋も柳並木も何ら感慨はない。

疲れ切って納屋橋に帰り着いた息子は、父の一言に愕然とする。

「繁たちの留守に江戸川乱歩が遊びに来てな。しばらく誰も居ない、暇だと言ったら一晩、泊って行ったぞ」

息子は、あの時代には珍しく漫画にまるで興味を持たず、父が取り寄せてくれる月二回配本の——小学館か講談社だったと思うのだが「少年少女世界文学全集」を待ち焦がれ、気が向けば祖母が近所の書店で買ってくれる子供向けの小説、中でも「怪人二十面相」の大ファンだったのだ。

三重県名張市に生まれた乱歩は二歳で亀山に越し、名古屋へ移って現在の市美術館の脇に位置する白川尋常小学校を卒業した。引っ越し魔ともいわれ事実、市内のあちらこちらに住んでいるが、最も長期間だったのが中区栄三丁目のスカイル近く。杉原千畝と同じ旧制の愛知県立第五中学、今の瑞陵高校を卒業し、早大に進むまで十五年間、〝名古屋人〟であった。これを記念し、栄町商店街振興組合や瑞陵の同窓生で作る「瑞陵会」、また「名古屋稲門クラブ」などが中心になってスカイルの前に乱歩の「旧居跡記念碑」を建て、除幕式を行ったのは令和二年十月三十一日だ。

乱歩と私の間に、もう一つ忘れてならないことがある。大学を卒業し私が就職した名古屋タイムズに乱歩は、しばしば寄稿。さらに名タイ広告局が主体となって発行の月刊誌「あじくりげ」にも名古屋の味の思い出を書いている。この雑誌は、久保田万太郎や吉屋信子らが手掛け二十九年九月に創刊した「銀座百点」に倣い、父と岡戸がそれぞれの人脈を使って、名古屋だけでなく東京の作家、画家まで集め三十一年六月にスタートさせた名誌だったが、不況に伴う協賛企業の減少で平成二十八年五月、名タイの後を追うように、惜しまれつつ幕を閉じた。

【二幕　七場】

不木、岡戸とくれば「ねんげ句会」である。父、栄一も次第に関わってくる。

昭和五十五年二月に出版された「ある句会　ねんげ俳句会半世紀」を教科書にして進めよう。著者代表は岡戸武平、発行所はねんげ句会とあるが実質的には岡戸の編集だ。販売を始め事務全般を担当したのが昭和区鶴舞の黒川建築事務所とこれも奥付にあるが、父については、戦後に舞台を移した第三幕で詳述する。

ねんげ半世紀のまとめに携わった岡戸自身、薄っすらした覚えと白状しているのだが、句会の発足は昭和二年の秋らしい。探偵小説を中心に多忙な不木がゆとりを求めて句会を提案、声を掛けられ同人集めに奔走したのが殿島や、その弟の桃山葱雨《そうう》、「ホトトギス」を経て「白桃」を創刊し主宰となった杉浦冷石らだ。不木は名古屋医大の教授だった木下杢太郎と句会を開いていたが、杢太郎が満州医大へ転勤したため、替わりを望んだとの説が有力である。

ただし、初期の「ねんげ句会」に父は所属しておらず、どころか昭和十九年、岡戸が、一度でも出席したメンバーを抜き出している中にも不在だ。久保田に俳句を習い始めたのが昭和三年。柄にもなく操を立てたのか、未だ半人前の自覚だったのか。

呑めぬ奴は同人にしないなど素人の、遊び心たっぷりの句会ではあれど名古屋だけでなく東京の作家や画家、役者までが集まり、地元の文化の向上に大きく貢献している。そう理屈を付けて、もう少し「ねんげ句会」を語りたい。

ねんげ——変わったネーミングだ。岡戸が「ある句会」のあとがきに説明を加えている。元をただすと「拈華微笑」。〝ねんげみしょう〟と読む。不木邸の二階八畳の間に、南条文雄文学博士の筆による扁額が揚げられていたことに因むが〝微笑〟の二文字を削った挙句、戦後、ひらがなに変えたので意味が通じにくくなった。

釈尊が蓮華の花を無言でひねったところ、周りの人々のうち迦葉だけが微笑んで応じた。仏教の真理、以心伝心にあたる。〝拈華〟をひらがなにした理由は〝枯〟に誤植されることが二、三度——存外、単純である。鉛の活字を一つひとつ拾っていた時代なら起こり得るし、校閲の段階でもつい見落としてしまうのだろう。

栄一の本格的な俳句事始めは、昭和九年の「いとう句会」か。久保田を宗匠に渋谷大和田町の「いとう旅館」で開かれていて、その名がある。注目したいのは立ち上げからの同人に渋沢秀雄が加わっていることだ。実業家、渋沢栄一の四男である。田園都市開発株式会社に入社して一帯の大規模な宅地造成を行い、東京宝塚劇場監査役、東宝代表取締役会長なども歴任した。句会の運営面に貴重だったが、戦後は随筆、俳句、絵画、長唄、小唄に親しみ、文化を愛したビジネスマンでもあった。

渋沢以外の同人を挙げると、小島、川口、伊志井の他、佐佐木茂索、獅子文六、柳永二郎、徳川夢声、五所平之助、堀内敬三……客員に水原秋桜子、中村汀女ら。

「いとう句会」は会場の旅館が空襲で焼失し、田園調布の渋沢邸に処を移したが昭和三十八年、久保田の逝去により自然消滅の道を辿った。

昭和十年を過ぎた頃から父は〝美術行脚〟と称して年に二度、京都や奈良へ旅するようになる。一行は小島、菊池、久米、佐佐木、片岡、高田、夢声、宮田らいつもの面々に川端康成、横光利一、広津和郎ら。次第に物資が不足しつつあった折りだけに、十八年、京都で食した筍がことのほか旨く印象に残ったと父は口にしていた。また、交通の便を考慮し名古屋に泊る旅人も多く「得月楼」は重宝な寝所だった。

志賀直哉、武者小路実篤らとの繋がりが一層、深くなったのは昭和十四、五年。むろん里見が関わっていよう。志賀は「得月楼」に幾度となく泊っており、父は夫妻を市内の案内に連れ出している。ただし名古屋は次第に焦土と化していき、見るべきものは少なくなっていったはず。

志賀を指して、威厳のある本物の芸術家と称賛しきりの父ではあった。

昭和二十年七月、久保田が折口信夫と運輸省の仕事で来名する。政府が予約を入れていた宿泊先は名古屋観光ホテルだったが六月九日に熱田大空襲があったばかり。父は猛反対して宿替えを促す。

「先生に万一のことがあったら骨を拾うのは私です。うちに泊っていただいた方が良い」

運輸省を無理やり説得したとはいえ「得月楼」で合鴨の鍋に舌鼓を打ち、歌仙を巻いた記事が新聞に載っている。折口が釈迢空の号を用いて詠んだのは言わずもがなだが、庶民の窮乏生活とは裏腹に、ある処にはあった、息子は複雑な思いにかられる。

同じ七月、ほんの僅か前だが、志賀が名古屋を訪れ、父は観光ホテルで会っている。この時、志賀が漏らしたひとことは時勢を考えれば、小説や芝居を凌いで衝撃である。

「近衛に聞いたんだが、日本は無条件降伏するらしい」

ポツダム宣言の受諾より一ヵ月も前だ。近衛文麿が戦争終結に前向きだった点を差し引いても政府の一部、近しい文化人には情報が漏れていたのだろうか。考えにくい話ではあるけれど、ごく僅かな庶民が薄々、戦況の悪化を感じている程度。大部分は本土決戦に備え一億玉砕を命じられて、無謀な竹槍の訓練に明け暮れる日々だった。

志賀の打ち明けに、父は何ら反応を記していない。大方の国民と同じく、そんな馬鹿なことはあるまいと信じていたのだろうか。神国日本が敗れるなど到底、有り得ない、そう思いたい、と。

志賀より二年ほど早く、アメリカの底力に驚嘆した人がいる。徳川夢声だ。南方慰問で日本軍占領下のシンガポールに滞在していた彼は、現地の芙蓉劇場で「風と共に去りぬ」を観た衝撃を「夢声戦争日記」に綴っている。

《これほどの映画を作る国と、日本は戦っているのか》

活弁経験者らしい実感だが、八月六日、広島に、相次ぎ九日、長崎に原子爆弾が投下され、十五日、遂に玉音放送となる。雑音混じりで内容がよく解らなかったと今も様々なメディアにあり、事実そうだが初めて昭和天皇の肉声に耳を傾けた父の心境は如何なるものだったろう。これについても書き物が無いのは茫然自失、もしくは、ただ涙にくれるだけであったのか。

とはいえ敗戦は、栄一にとり大きな転換点だった。劇場、舞台という現場——久保田らが率いる文学座にいっそう密着して演出の技術を学び、感性を磨く傍ら、演劇評論、さらには邦楽の研究という分野にも仕事を広げ、新しい船出をする契機になったのである。一流料亭の主という、贅沢な立場を惜しげもなく捨てた経緯を、これから綴っていくことにする。

【二幕　八場】

荒んだ国民の心に潤いをもたらしたのは、焼け跡に響く「リンゴの唄」——あの時代を語る際の常套句だ。

シンボルの鯱を失った城下は、コンクリート造りのビル以外、無残にも一面の焼け野原と化したものの、名古屋駅から栄にかけての広小路通り、もちろん堀川に架かる納屋橋周辺などあちこちに並木路子の朗らかな歌声が流れて人々を癒し、復興への意気を高めたに違いあるまい。

「得月楼」は奇跡的に無傷だった。被害といえば、父、寺田栄一と、その母、つなが移り住むことになる西座敷の庇を突き抜け、縁側に一発の焼夷弾が落ちただけ。これも使用人や近隣住民のバケツリレーによって延焼は食い止められた。我が家が譲渡した、のちの「鳥久」も空襲を免れた。平成二十六年の秋、放火に遭うまで建物が存続していたのだから、説明するまでもない。

したがって、名門「得月楼」の復活を望む声は名古屋だけでなく、東京、鎌倉などからも次々に上がった。それでも暖簾を畳んだ理由を、私たち家族は父から次のように聞かされていた。

「闇物資を使ってまで商売を続けたくなかった」

それ以前に商才の問題がある。あまりにも金銭感覚に疎い父だ。当日の売上を見て、それが儲けの全てだと信じ込んでしまう、それほどのビジネス音痴だった。

小島政二郎は、やや違う考えを聞いている。昭和四十七年に栄一が旅立った後、「月刊寸鉄」の九月号に小島が寄せた追悼記事を読むと、その微妙なニュアンスが伝わって来る。この雑誌は、名古屋に本社を置く寸鉄社が三十年から五十年まで発行し、計二百十九号を数えた。

●……築地小劇場、新派が名古屋で興行する時には並々ならぬ実際的な後援を続けていた。川口松太郎や、伊志井寛や、その他の大勢の役者が彼の家に出入りして款待《かんたい》されていたのを私は知っている。江戸音楽、落語、講釈に対し彼は一流の耳を持っていたし、広くて深い造詣を持っていた。

小島の文章は、こう続く。

●……しかし、彼の本領は、そんなところにはなかったと私は思う。私は彼の多彩な才能のうちで最も高く評価しているのは「得月」という料理屋の若主人としてであった。

父が美術行脚と称して京都、奈良の寺社巡りをしていたことは先に書いた。この人たちの間で流行った川柳を小島が紹介している。

誰が口誦《くちずさ》んだか……。

巡査と寺田　とかく手帳を出したがり

●……ちょいとうまい物に行き当たると、すぐ手帳を出して書き留めるのだ。時には板前に祝儀を弾んで、作り方を根掘り葉掘り聞いて書き留めておく。書き留めておくばかりでなく、名古屋へ帰るとすぐ、翌日の献立の中へ取り入れるのである。だから、得月の料理は、名古屋料理の旧態を打破して、自由に京都、大阪、神戸、東京その他あらゆるうまい料理を移入して憚らなかった。その点、実に見事だった。大膽《だいたん》で、自由で、斬新だった。

言うまでもなく、得月の献立は彼の手帳そのままの引き写しではない。彼のガストロノミー（美食学）からの取捨選択が行われたところにオリヂナリティがあった。

トップダウン。

社長が思い付きの企画を現場に下ろせば大概、反発と混乱を招く。サラリーマンの世界ではよく見かけられることで碌な結果は生まれないが、父の場合は舌が肥えていて板前も納得したのか。あるいは主人の命令には逆らえない時代だったのか。何にせよ客に好評ならば文句のつけようはない。

小島はなぜか父を〝名古屋の栄しゃま〟と呼んでいた。

……先代のことは何も知らないが、得月が栄しゃまの代になってから俄かに盛名を馳せたのは、彼が己を空しうした勤勉の賜物だと思っている。

……彼のガストロノミーが将《まさ》に完成しようとした時、あの呪われた太平洋戦争が彼の夢を破壊し去った。思うような材料が手に入らないのに、商売を続けていくことが彼には出来なかった。

「止めちゃ駄目だよ。どんなに苦しくっても、歯を食い縛ってやり通すのが男の意地じゃないか」

私達が幾らそう言って留めても、

「だって、この家もいずれは空襲で灰になるのは分かり切っている。どうせ早いか遅いかの運命だ」

そう言って、先祖代々の暖簾をおろしてしまった。彼はどんなに寂しい悲しいつらい思いをしたことであろう。

如何に伝統を誇る「得月楼」をもってしても食材じたいが欠乏している敗戦前後に、満足のいく料理を供することは土台、無理だ。さりとて伝手を頼りに、例えば農家などから調達し頭をひねったところで、高度成長期に向かうまで帳場を遣り繰りする経営のセンスは、父にはなかっただろう。

戦後、父はこうも小島に打ち明けたという。

「新興成金に座敷を汚されたくない」。

「それよりも、やりたい仕事がある」。

「得月楼」は文学、演劇、美術などに携わる人びとに愛された文化の香り高い料亭だ。もしくは〝粋〟な客たちに支えられてきた。およそ成金には馴染まない。

内弁慶な性格を考えると疑うしかないのだが、気に入らない客には、次のように言い放ったと聞いた。

「金は要らんから帰ってくれ」

やりたいこと。それが小山内薫や久保田万太郎に学んだ演出であり、演劇評論、さらには幼少の頃より培ってきた邦楽の研究だったのだ。

五十年に及んだ小島と父の付き合い。本音だと息子は思う。信頼関係と表せば語弊があるかも知れぬが、同じ「月刊寸鉄」から引く。

……最初に彼から度肝を抜かれたのは、何か私が内証話をした後で

「これ、当分秘密にして置いてくれよ」

と言って頼んだところ——正直、寺田を親友だと思えばこそ打ち明けた話であって、他人の耳にはいっては四方八方困ることになる内容だったのだ。

誰だって友達にそう言われれば、義理にも

「うむ、大丈夫だ」

ぐらいのセリフが返って来ると思うだろう。

ところが、寺田はそうは言わなかった。

「そりゃ困るよ。僕は名古屋一番のゴシップ・モンガー（ゴシップ好き）だからね。そんな面白い話を聞いては、黙っちゃいられない」

まともにそう言われた時には、正直、私は目を剝いた。これは人に秘密を語るなと言う私に対する諫言ではない。彼はそんな倫理家ではない。本当に、内証話を聞けば、内証話というものは面白いものだから、幾ら頼まれたって、逢う人毎に喋らずにいられないと言う正直な返事なのだ。

私は人からこのくらい明けぴろげた好奇心を見せられたことはなかった。それ以来、私が

却って寺田に一層の親しみを感じたことは事実だ。

〝暖簾を畳む心境〟――小島の追悼記事は、さすがに大衆作家らしい文脈で流れゆく。

●……彼の方でも、人に喋られるのを覚悟の前で、打ち明けずにいられない苦しい思いを私達に喋ったことも度々あった。だから、人には打ち明けられずにはいられない――聞いて貰うことによって心の和む内証話のあることを彼も知っていたのだろう。彼も人の子だから、一生のうちには、一人泣くようなつらい思いも幾度かしたに違いない。

その幾つかを、私も知っている。しかし、寺田、安心したまえ、私は決して誰にも話しはしないから。

父の苦悩。それこそが〝名古屋の栄さま〟を語る時、最も知りたいことどもなのだが無念にも、父、小島、黄泉に渡って久しい。

戦後の演出や劇評活動においても中央の人々との交遊には半端でない出費が必要だったはずだ。「鳥久」に土地、建物込みで売った八十万円はすぐに果てただろうし、開店当初の「得月おつけもの店」からの歩合収入や、原稿料、ラジオ、テレビなどの出演料もしれている。

金銭感覚の欠如――言い換えれば、カネを卑しむ性格《たち》だからこそ悩み事は多かったに違いない。といって母や息子たちに愚痴をこぼす訳にもいくまい。前時代的な家父長の在り方を厭うたからでもないが、家計に関しては母に任せっきりでもあった。

芥川龍之介が自死の三日前に描いた色紙の行方不明事件に思いを致す。あの俳画に、どれほどの価値があるかは私の心の裡の問題に過ぎぬが、ならば他に失せ物はと、父のスクラップブックを再び紐解いてみた。

昭和二十八年十一月二十七日付の朝日新聞「逸品くらべ」（談）

●……栄一の父、哲二が明治末か大正の初期、どこからか十五円で掘り出してきた壺。大した物ではないと放っておいたが画家の山村耕花、長野草風らが「こりゃ李朝じゃないか」と言い出した。朝鮮の古陶器である。前田青邨、柳宗悦、志賀直哉らその道の大家連中も「辰砂のツボだ。大したものだ」と褒めそやしてくれるので、今では家宝にしている。志賀は二つ持っているが、名古屋に三つはない。

三十年三月十五日付、名古屋タイムズの要約。

●……宮田重雄画伯が見習士官として中国・大同に駐屯した昭和十四年。大堂石仏をスケッチするうち宮田さんは「この偉大な古代文化を現実のものとして持ち帰りたい」と考えた。手近な像の形を石膏でとり帰国後、寺田栄一さんに相談。多治見陶磁器試験場を訪れ、〃宮田重雄がいせん記念〃と銘打って少数の陶板を焼き物関係者に配った。

狛犬に唐草をあしらった緑色——逸品ではないが、貴重な陶板に変わりはなく、父が灰皿替わりに使っていた様は私の脳裏にも鮮明である。

さらに思考を巡らせてみる。「得月楼」の部屋数は西座敷を合わせて三十前後はあった。床の間の掛け軸だけでも随分の計算になる。一般的に掛け軸には日本画が用いられ、四季の移ろいを踏まえて主が絵柄を変える。名門には名門の掛け軸、廉価なものは一幅としてないだろう。その数、百を軽々と超えた可能性は容易に想像が出来る。

多くの芸術品の消失。父は「得月楼」の遺産を金に換え、それも駆け引きが下手で買い叩かれていると知りながら東京と名古屋の文化を結ぶ役回りに悦びを見出し、品々が尽きると同じくして自らも旅立ってしまった——思えば父らしい生き方だったと、息子は瞑目せずにはいられない。

【三幕　一場】

感傷は措くとして戦後に舞台を転換したい。演出以上に仕事の中核をなしたのが演劇評論だ。新劇や歌舞伎のほか、大学、高校演劇にまで守備範囲を広げたが原点といえるのは矢張り築地小劇場であり、小山内薫の流れを汲む芸術至上主義の文学座である。そこでまず、この劇団の生い立ちを簡単に振り返ってみよう。

小山内の没後、新劇は殆どが左傾化にあった。プロレタリア劇団が主義、思想のため戯曲を軽視する中、むしろ文学座の方が異色だったかもしれないが、戯曲、次いで演出、演技を柱とする舞台創り、それが演劇の王道であったことに間違いはなく、父の精神的支柱にもなっていた。

創立は昭和十二年七月。発起人は久保田万太郎、岩田豊雄、岸田國士の三人。岩田は、小説家としての筆名が獅子文六である。劇団名を付けたのは岩田。本来はフランス語だが、英訳すると「リタレイチャー・シアター」。文学プラス劇場だ。幹事に友田恭助、菅原卓、真船豊ら。俳優陣は友田をはじめ田村秋子、杉村春子、中村伸郎。いずれも築地組に加えて森雅之、三津田健、徳川無声……。

尤も、友田は文学座の舞台を踏んでいない。設立を控えた頃、科学ペンクラブから講演会の余興に是非、ルナールの「にんじん」をと申し込まれ、妻の田村と出演して絶賛されたにも関わらず文学座第一回公演の顔寄せの直前に召集令状が届き、出征先の中国で戦死した。丸山定夫の被爆より前、演劇人に戦争を身近なものと実感させ、強烈な衝撃を与えた出来事であった。

文学座の存在が世間に認められたのは昭和十五年六月。イプセン作、森田草平訳の「野鴨」だ。イプセンは新劇草創期から人気があり、この作品で文学座の支持も広がったと言われている。一方、岸田は幹部を辞任し、この年に結成された大政翼賛会の文化部長に就任する。久保田を慕う父は自然に文学座と歩む結果となった。

昭和十五年以降は演劇の暗黒時代だ。評価が高かった作品は、座付き作者の森本薫が恋愛関係にあった杉村のために書きおろした「女の一生」、それに「怒濤」「富島松五郎伝」くらいだろうか。新国劇でも上演、映画化もされた「無法松の一生」は商業演劇の色合いが強い。しかも、日中戦争が泥沼化し国策に加担させられた背景から「無法松」は、将校の未亡人に車夫が秘かな想いを寄せる場面が軍部に目を付けられもした。

文学座を背負った森本だが父は縁が薄く、一度しか会っていない。

杉村とは長い付き合いだった。大女優は「楽屋ゆかた」を始め芸談を出版しているから遠處するとして、風変わりな記事を紹介したい。三十年一月五日付の中経に、杉村と、アプリケ作家の宮脇綾子の対談が載っており、父が司会を務めている。宮脇の夫、宮脇晴は洋画家で、夫婦とも父は親しい間柄。司会役は、かような縁により持ち込まれたようだ。やや長くなるが極力、紙面に忠実な再掲を試みたい。

右：杉村春子　中央：宮脇綾子　左：栄一

まず、口を開いたのは宮脇だ。これを父がフォローする。

●……「ずい分、前に杉村さん自身が新聞か雑誌に〝女というのは年をとっても色気をなくしてはいけない。立派な女優になるためには、まず立派な人間でなくてはならない〟と書いていらしたのを読んで、エライ人だなー、杉村さんは心の先生だと感じました。去年の暮に御園座で、飯沢匡さんの〝二号〟を出されました。とても面白かった」

「あれは珍しい芝居だった。実にあのときのあんたはよかったよ。新派で芸者をやれるのは花柳章太郎までだが、新劇ではあなたと田村秋子くらいでしょう。大抵の人はかりにやっても神楽坂まで。新橋や柳橋の芸者をやるとなるとやはりあんただけだ」

芸者のランク付けが父らしい。あんた、とは杉村である。次いで杉村と父。

「私は宮脇さんにアプリケで素晴らしい二折りのビョウブを作っていただいたんです。それもね、栄さま、私の赤いちゃんちゃんこがイチゴになってたりで、びっくり。杉本先生の東大寺と並ぶ我が家の家宝として自慢しています」

「東大寺というと杉本健吉さんからねだった、あれですか」

「あの東大寺が欲しくて、でも画なんか買ったことがないから幾らか分らない。少しまけてもらってと思いましてね。そしたら栄さまが、ねだったらくれるかもしれんとおっしゃったでしょ。欲張って先生に話したら〝あげる〟って」

宮脇が締め括る。

「杉本先生は何かの新聞の〝私の好きな女優〟というのに杉村春子さんだと書いていましたよ。初対面の時に一度別れてもう一度戻ってきて、ていねいに挨拶されたことが忘れられなかった、と」

杉本健吉の東大寺は、志賀直哉も一枚、持っていると父は言う。

舞台、それも新劇のイメージばかりが先立つ杉村だが、映画でも貴重な女優であった。約百四十本に出ており、既成の俳優にない自然でリアルな演技は、様々な人たちの憧れだった。影響を受けた役者は限りない。森光子が筆頭だろうし、高峰秀子は、仕事に本腰を入れるきっかけになった。山田五十鈴すら力量の違いを認め、気の強い岡田茉莉子は共演した際、緊張のあまり台詞に詰まったと伝えられる。若尾文子も特別の存在と一目置き、所属こそ違う民藝の奈良岡朋子も師と言えるのは杉村だけと発言している。豪放磊落な勝新太郎すら杉村には逆らうことが無かった。

台詞のうまみとリアリズム。小津安二郎に可愛がられ、名監督をして読み合わせの〝不参〟と、他の作品との掛け持ちを許されたのは杉村のみ。映画界の伝説だ。

そんな杉村にさえ〝名古屋の栄さま〟と慕われていた父は、築地小劇場、文学座を通し久保田の影響はもとより、「得月楼」による金銭的なサポート、加えて舞台、芝居というフィールドで相通じるものが多かったのだろうと、息子は前向きに解釈している。

杉村を登場させたとなれば、田村秋子をないがしろには出来ぬ。築地小劇場の一期生で杉村が師と仰いだだけではなく、この人を抜きに新劇は語れない。昭和二十六年十二月十四日付の新東海「飛入り対談」で父が聞いている。〝新劇生活を語る〟の副題。

秋子の父は、幸田露伴に師事した、田村松魚。劇作のほか、文士劇に熱を上げていたため、秋子にも舞台に立てと薦めたのが「大尉の娘」だった。大正十一年七月のこと。たまたま前の月、新派が明治座で上演した装置がそっくり残っていたことも幸いだった。おまけに井上正夫や花柳章太郎ら新派の幹部が目に止めて演技指導。十五年に小山内と土方から女優が欲しいと請われ、築地入りが決まった。

以上、自己紹介風に父が語らせた記事が前半。続いて、築地の感想などを抜き書きする。夫だった友田恭助は、文中では本名の伴田五郎、五郎ちゃんと呼んでいる。

まず、築地に入った時の感想から。

「いやでしたわ。みんな西洋人ぶってましてね。それに女優は山本安英さん一人でしょう」

父が受けて、汐見洋、三津田健、薄田研次、青山杉作、どこか西洋人みたいでしたね。では、友田さんなんかどうだった、と訊く。

「もうもう大変なキザっぽさでしたよ。下町っ子などとはなしなんか出来ないって調子です。五郎ちゃんのことはもう結構。でも、こんなことがありましたよ。久保田万太郎先生の〝冬〟を東京でやった時です。私と五郎ちゃんが夫婦で、杉村さんが居候の姉です。はじめわたしと杉村さんが出て〝アベ川でもしましょうか〟といって女中に用意させるところがあるんですが、そいでちょうどうまく焼けたところ五郎ちゃんが入ってきて〝何だアベ〟と言ってよく見るとアベ川がない。びっくりしましたがアベ川がなけりゃ何ともならない芝居ですから三人とも引っ込みがつかない。仕方がないからポカーンと立っている五郎ちゃんに〝早く引っ込みなさい〟と叱っちゃいましてね」

田村は稽古熱心でも知られた。大体、一か月。

「一か月やると決めたわけじゃないのですが、役者は一回でも稽古をすれば上達するものですから」

役者と語るには、芸を見る眼が必要だ。父が舞台評をものすようになったのは、この頃からで、最も精力的に仕事をこなしていたのも昭和三十年代後半までだろう。

【前口上】の中日ウイークリー「春の宵　新劇俳優　大いに語る」を思い返していただきたい。滝沢修、宇野重吉、小夜福子による座談会だ。あの集いの直前、四月十八日付の夕刊毎日新聞に父は、「民藝〝その妹〟を見て」を寄稿している。けれど双方に関連は無く、中日ウイークリーは二十五日発刊だから宣伝目的だった訳ではない。

●……武者小路実篤の〝その妹〟が民藝によって上演されると聞いたとき、大正三年ごろのこの古い戯曲が、今日の観客に果してどの程度の感銘を与えるだろうかとわたくしは思った。……が、今度の名古屋公演の初日を見て、こうした、わたくしの危惧は一掃された。その時代の〝物価〟と、その頃の〝日本の女〟を頭に置いて観れば、いささかの時代のズレさえ感じない傑れた、文学的な香りの高い作品である。

滝沢修の小説家西島は彼の完全なる役の理解によって、内的にも外的にも深みのある立派な芸を示し、ことに第四幕にいたっては驚くべき演技力に敬服した。宇野重吉の広次もセリフ回しに多少の難点はあるとはいえ、ムキな執拗な、粘り強さをよく現わしている。小夜福子の静子は何よりも素直にやっていることに好意が持てる。……が、しかし、意識してか、意識せずにか、水谷八重子に似ているのがひどく気になった。


武者小路に要らぬ気遣いをした訳ではあるまい。

この他、毎日新聞で御園座の十月興行、関西歌舞伎を取り上げ、壽海と雷蔵の養子縁組の口上を古風で面白いと評している。ユニークなところでは武智歌舞伎を中日ウイークリーで、好意の持てる劇団と褒め、むろん新派や新国劇にも筆を執る。御園座の五月、曾我廼家十吾、五郎、渋谷天外らの「燃え残りのコークス」などは毎日新聞で腹の皮がよじれたと絶賛する一方、「紳士心得帖」「恋愛教室」はがっかりと手厳しい。

にしても三年後、この曾我廼家五郎劇の演出を任されるとは、新劇人だけに想像もしていなかっただろう。

つい首を傾げたのは、文学座の舞台評がないことだ。思い入れが強い分、怖じ気づいたのか。実際、妙なところで遠慮する質ではあるのだが、二十四年十二月の名タイ文化欄に、こんな記事を見つけた。

〝新劇公演を熱望　淋しかった中京演劇界〟。一年の振り返りである。御園座は歌舞伎、新派、新国劇程度、七月一か月は休演。名宝劇場も少女歌劇以外には、何一つ手掛けていない。そう苦言を呈して……。

●……こうした中にあって三年ぶりの「文学座」御園座公演は岸田國士の「速水女塾」で久保田万太郎先生の演出。文字通り超満員で評判も大いによかった。が大都会名古屋にして一年にたった一日だけの新劇公演は如何にも淋しい。「文学座」、「俳優座」などせめて年二回(二日間ぐらい)の来演を熱望したい。

「得月楼」の廃業を決め、腰を据えて新しい仕事――演出や劇評に取り組むためには身を固めることが肝要。そんな思惑もあったのだろうか。父は結婚に踏み切る。正確には再婚で、二人目との間に生まれた長男が私だ。別れた前妻はどこやら艶福家の妾。子供が出来なかったことから養女を迎えもしたが娘は、若くして死去したと聞いている。さすがの父もこれらに関しては口が重く、細かいことは判らずじまいである。

私が高校三年の暮れまでを過ごした納屋橋の家。西日の庭に面する一階の広間に置かれた朱塗りの大きな机が、父の仕事用だった。この机を借り、里見が新派のための戯曲「よろしく」を書いた。

里見には「姥捨」のモデルにした女を嫁に貰えと、しきりに勧められた。栄一自身が、そう田村秋子に明かしている。が、モデルの女性を後添えにしなかった理由も教えぬまま身罷った父。二人目の妻、即ち私の母を見合いで決めたのは意外だが、運命としか言いようがない。里見の助言を受け入れていたら私は、この世に居ず、拙著が陽の目を見ることも適わなかったのだから。

再婚は、昭和二十一年五月。敗戦から九か月後。急な見合いだった。新婦は旧姓を吉原きぬ、名古屋財界に関わる人の妾の次女で、こちらは初婚である。

父が四十二歳。母が三十歳。一回りの年の差は、わけても当時、珍しくないけれど何しろ遊び人に嫁ぐのだ。釣書より前に、仲人を通じて花柳病を懸念する問答があったことは想像に難くない。

「失礼は承知で伺いますが、病気の面などは安心してよろしいのでしょうか」

「ああ、それは大丈夫です。ご心配に及びません」

「本当に、そう受け止めても」

「はあ、その……まあ、問題なかろうと」

「では、信用いたしますけれど……もう一度、念を押させていただけると幸いに存じます」

「ええ、それは……たぶん、お気遣いならずとも……はい、そうですな、まあ」

私が無事に生まれ、七十三年が経っても発病の気配はないのだから取り越し苦労だった訳だが、私の乳母のような人がこっそり母に呟いたという。

「あんな道楽モンのとこへ、もったいにゃあ」

乳母に面倒を見てもらった記憶は無いのだが、幼稚園の年長に上がった端、ふらりと納屋橋の家を訪ねてきた老婆に突然、抱きしめられて戸惑い、くすぐったさに駆られた覚えが微かにある。

「坊ちゃま、大きくなりゃあしたなも」

恐らく、あの人が〝おすえさん〟なる乳母だったのだ。アルバムを見ると、別に〝ともえさん〟という女中と近所の写真屋で撮ったモノクロも貼り付けてある。悪ガキに玩具を奪われて泣く私をなだめるため撮影スタジオに連れて行ったとのメモ書きが施されている。この女中に母が二千円の小遣い——月給を渡している場面を幼い目で見たような。物不足の時代の割に我が家が恵まれていたのは「得月楼」の遺産と威光を保ち続けていた所為か。

ただ、両親の結婚は質素だった。親戚が少なく、しかも一人息子といっても再婚だから細やかに式を挙げたらしい。

宮田重雄と父との、冗談半分の遣り取り。

「おい、栄一。嫁をもらうそうだな。どんな女だ」

「そういえば、君に似ている」

「美人という意味か」


結婚に際して、栄一と交流のある色々な人たちから祝いの句が贈られた。

葭障子しづかに匂ふよふけなり　久保田万太郎
新緑のしたたる膝を並べけり　佐佐木　茂索
柿若葉めでたき灯映しけり　徳川　夢声
二人して見る牡丹の芽かがやかし　渋沢　秀雄
丸髷のてがら涼しき立居かな　花柳　章太郎
けふよりはあけたてしげき葭戸かな　宮田　重雄
大徳の若やいでゐる薄暑かな　高田　保

新婦、寺田きぬのプロフィール。

大正五年六月、名古屋市生まれ。妾だった母親は哥沢《うたざわ》の師匠で生計を立ててもいた。哥沢は、端唄を主に他の音曲を加え、品格のある、ゆったりとした歌い方が特徴。江戸末期に生まれ、やがて流行のピークを迎えたが今や絶滅して、知る人は少ない。

愛知淑徳高等女学校卒。在学中はバレーボール部で全国優勝の経験もある。当時のバレーボールは九人制。選手は攻撃と守備に分かれており、身長百五十四センチの母が攻撃に加わる筈はなく中衛か後衛のセンター。呼び方が如何にも軍事国家だ。ちなみに現在のスパイクは〝キル〟と呼ばれ、その後、アタックなどと変わっていった。

花柳流の日本舞踊を習っていたが名取ではない。基本的に体育会系だが家庭環境を見れば、少なからず父と相性があったのだろうか。また、看護婦、助産婦の免許を持っていたから勉強熱心には違いなかろう。原稿用紙に向かう父が、しばしば母に漢字を尋ねており、母も答えるのが自慢ではあったようだ。

父が亡くなった後、三十八年の未亡人生活をたっぷり堪能し平成二十二年一月、九十三歳で世を去った。認知症が次第にひどくなってはいったが、まずは大往生の部類だと、死に顔を見ながら私は幾分、安堵に包まれていた。

父が本格的に演劇評論の仕事を始めたのは結婚してからだが、スクラップブックに付されている日付や紙誌名の半分以上は母の筆跡で、丁寧な貼り方だ。残したい記事を選んだのは父にせよ、本書をまとめるにあたりページを捲り直してみると案外、母の几帳面さが幸いしたとも受け取れる。

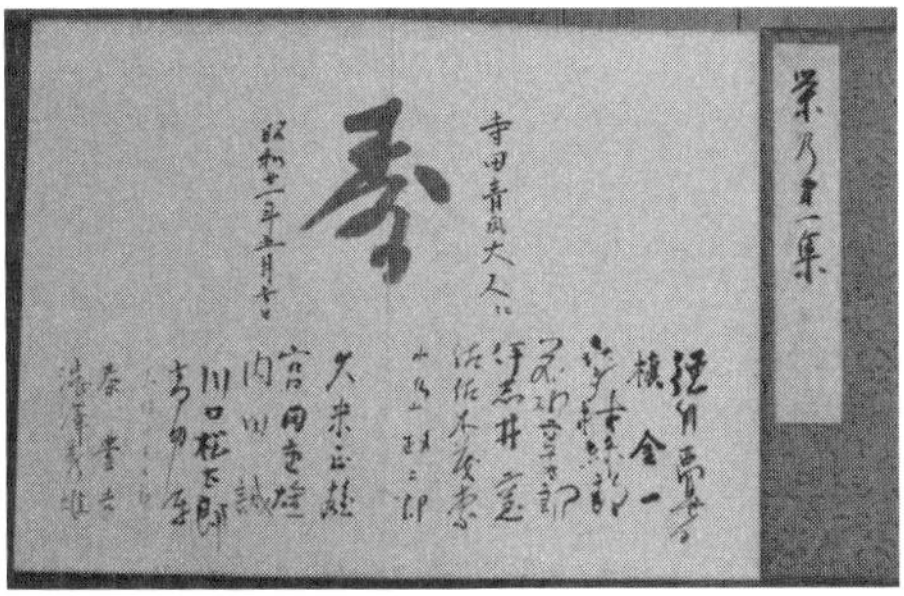

結婚に際し仲間が寄せた句帳

栄一ときぬの結婚式　昭和 21 年 5 月 23 日

【三幕　二場】

●……「水木洋子さんじゃ………ありませんか」

坐っているうしろから、そう、呼びかけると………

「ええ、水木ですけど………どなた………？」

と、振りかえって、

「まア」

彼女は軽く声をたてた。

脚本家の水木洋子は、戦中から戦後にかけて、主に名古屋で父、寺田栄一と付き合いのあったガールフレンドである。

明治四十三年八月、東京市京橋区出身。東京左翼劇場で初舞台を踏んだが二十四歳で父親と死別。家族を支えるため脚本家に転向した。当初は文学座などの台本が主だったが、戦中はラジオドラマが多くなり「せきれい」という良い作品がある。

これより前の昭和十三年、東宝の助監督だった谷口千吉と結婚するも十か月で別れ、以後、女性視点による文芸作品の脚色を一手に引き受け名を高めた。

今井正、成瀬巳喜男監督とのコンビが殆どで、とりわけ成瀬と組んだ林芙美子の「浮雲」は秀逸との評価。岸田國士の戯曲をまとめて映像化した「驟雨」も馴染みが深い。キネマ旬報ベストテンの一位に輝くこと四回の実力派である。


父と水木の会話は昭和四十一年、父が「名鉄ニュース」一月号に寄稿した、新春随想〝初うた〟の冒頭だ。

引用を続ける。

●……〝竹馬やいろはにほへとちりぢりに〟
久保田万太郎先生の、こうした句碑が、浅草の三社さまの境内に建ち、去年の、丁度、亡き先生の誕生日にあたる十一月七日に、除幕式があった。

式が済むと、それに列《つら》なった人々は観音さまのお堂の前を通り抜け伝法院《でんぽういん》の大書院に案内されて、そこでお酒が出た。

大変な人数で、あの広い座敷が、足の踏みどもないほどの有様………。

その、人混みのなかで、ぼくは、彼女とおぼしきうしろ姿を見つけ、声をかけたのである。

…………

およそ二十年ぶりのめぐりあいである。

ということは……

戦争中水木さんは、名鉄沿線の、古知野……、または犬山から少し入《はい》った〝草井村〟というところに疎開していて終戦になってからも、しばらくそこに落着いていた。〝草井村〟が、彼女のお母さんの郷里だったからである。銘仙の着物と羽織に、細いめの帯といったいでたちで、買物篭などを提げて、しばしば戦後の名古屋に現れた。

ラジオや演劇界でかなり知られていたのと、さっぱりした男のような気性が誰にも好意をもたれて、われわれの仲間と逢えば、いつも劇談に花を咲かせ、あるいは、その頃、名宝文化劇場へ折々かかった新劇を一緒に観たりした。

沿線の古知野、犬山をモチーフにしているのは「名鉄ニュース」編集部の意向によるものだろう。

やがて水木母娘は千葉県の市川に移り行き、田中栄三と岸旗江が共演した、亀井文雄監督の「女の一生」の脚色、岡田英次と久我美子とで撮った「また逢う日まで」という、ロマン・ロランの翻案などでめきめきと売り出すのである。

テレビでは、父が再会して二年後の昭和四十三年、大河ドラマ「竜馬がゆく」で本領を発揮した。明治百周年の記念作品。演出はＮＨＫのエース、和田勉。出演は北大路欣也、高橋英樹、浅丘ルリ子ほか。

しばらくして、テレビ界では山田太一、向田邦子、倉本聰らがのしてきて、市川森一も仲間入りするのだが水木は格が違った。

父の随想は、水木が四十一年の西川流の初うた「春の水」を二世家元、西川鯉三郎に依頼されて作詞したと伝え、ぜひ聞いてねとの約束で結びになっている。


文学座が戦後初めて名古屋公演を行ったのは、昭和二十一年十二月五日から八日、名宝文化劇場である。演目は、やがて杉村の代表作にもなる「女の一生」。四日の昼前に夕刊新東海が、演出の戌井市郎や水木に加え、杉村、中村伸郎、三津田健、賀原夏子らを招き、座談会を開いた。名古屋劇界の代表は父と松原英治。

既に看板女優の杉村だが、名古屋は昭和三年、御園座での「伯父ワーニャ」以来。チェーホフの名作に出た後は縁が無く、さすがの杉村も十八年前は端役だったと笑う。

松原が、杉村扮する主人公、布引けいの苦心談を訊く。

「けいの十五歳から六十を過ぎるまでを演じなければなりません。幸福の絶頂にある時、失意のどん底の彼女。違う性格の人間になりはせぬかと心配で、難しいですね」

父、栄一が初演と変わった点について質問する。杉村の返事が時代を物語っている。

「支那事変に関連がある部分はカットされ、病身の森本さんは布団の中で書き直していました。〝敵は幾万……〟を歌いながら出征していくシーンから、けいの追憶になってゆき、主人公の若かりし当時を思い浮かべるわけですが、それはいけないと、憲法公布の提灯行列などに変更しました。感じが出せなくて……」

東京での初演は二十年四月十二日から五日間、東横映画劇場。久保田が演出だったこともあり父は観に出掛けたが、空襲の合間を縫う舞台。よくやりましたねと水を向ければ杉村は、空襲が二回あったものの休演は一回だけ。終わって外に出ると焼け跡に観客が多く集まっていて驚いた。けれど、これで死ぬのだろうとも思った、そう振り返る。

水木は疎開中だったため見逃しており、名古屋公演への期待を口にしている。


同席の松原は東京帝大卒。良い家庭の育ちで、官僚になっても民間に進んでもエリート間違いなしだったが、プロレタリア演劇にどっぷりと漬かり清貧に甘んじた人。名古屋になおも在る劇団「演集」の生みの親だ。父とは真逆ながら、若い芽を育てたいという点では一致していた。例えば中部日本高校演劇コンクールの審査員。名古屋で演劇活動を行っていた牧野不二夫が雑誌「よろん時代」の昭和四十七年三月号に書いている。

見出しは〝栄サマと英サマ……ユキとタドンほど違ってはいたが……〟

……出場校ごとに点数をつけ、最後に舞台で発表する。どの審査員の点数も余り変わらないものであるが時々、両エイサマの点数が極端にちがうことがある。芝居の出来不出来よりも、劇の内容やテーマによって、右と左へ分かれてしまうのである。私は両方のバランスをとるため審査員になったような按配であった。

昭和三十八年、高校へ入学した私は演劇部に所属、七月の名古屋市予選に出場した。二位の栄誉に与り、その上、端役ではあったが演じ終わるまで板についており、緞帳が下り切る数瞬の恍惚が、息子をも芝居の虜にしたのである。

実は、審査委員長が父。講評で舞台に現れたため苗字と顔立ちにより私が息子であると知れ、先輩に散々からかわれたものだ。

「お前が袖の下を渡していれば優勝だったぞ」

けれど父は、結核が見つかって療養所に入り、以後、審査員を辞退。松原も、この年の十二月に他界した。父の結核については四幕四場で詳述しよう。

会場は中日会館のホール。久屋大通りと若宮大通りが交差する、現在の百メートル道路の真ん中に建っていた。名古屋名所の片側四車線。図抜けて幅広い道路の真ん中が当時は芝生。

ポツンと在った、このビルに間借りしていたのが名古屋タイムズで、老朽化を理由に二か月後、中区丸の内の景雲橋に移転。まさか端役で出演していた高一の息子が八年後、名タイに入るなど考えもしなかったが、とまれ、高校演劇の転換点ではあったろう。

文学座の第三回名古屋公演は昭和二十二年五月、これまた名宝文化劇場だ。七日から十日までが「マリウス」、十一日から十四日まで「ファニー」。ともにマルセル・パニョルの作品を里見弴が演出している。

先立って夕刊新東海が「里見弴氏に物をきく會」という記事を掲載している。里見のほか、俳優は杉村と中村、劇作家協会から水木、名古屋の劇評家を代表して父と南山大学教授の中川竜一。

「物をきく會」とあるだけに、里見の独擅場だ。

●……初期の新劇が取り上げた、逍遥のシェークスピアやイプセンは否定し、新しい、良い脚本が大切になってきた。そのためには立派な劇作家が必要だが、時勢に左右されてはいけない。翻訳物ばかりでは恥ずかしい。さりながら翻訳劇に関して言うと、西洋人はゼスチャーを使い、手や肩をしきりに動かす。日本の客には台詞で伝えた方がいい。

演出家は、役者の個性を考慮し演技を引き出すこと。

日本人は、面白がる、楽しむが悪徳、そんな癖を持っている。これも改良点のひとつだろう……云々。

里見が口にした〝時勢〟とは、GHQの監視下、もしくは民主主義が未だ定着していない状態をも指すのか。

大学の演劇部に人気のあった演目のひとつが「驟雨」だ。長台詞が特徴だからメリハリをつけた感情移入の勉強になる。

昭和二十二年一月十六日付の夕刊新東海に、中京大学高専劇団かもめクラブ研究発表座談会という記事が載っている。「驟雨」を上演するにあたって、父が学生たちに助言する機会が設けられたのだ。

父は「科白が長いので困るでしょうね」と話しかけ、対して学生側は「自分たちの年代では、新婚気分を出すのが大変です」と苦労を述べている。

「驟雨」が発表されたのは大正十五年十一月。

東京の新興住宅地、季節は梅雨。朋子と譲の家に、新婚旅行で愛知県の観光地、蒲郡へ向かった筈の朋子の妹、恒子が駆け込んでくる。無神経な新郎の振る舞いに堪忍袋の緒が切れたのだ。そろそろ倦怠期の譲と朋子は、夫婦喧嘩など長い人生では通り雨に過ぎないと恒子を諭す。降り始める驟雨。譲が呟く。

「すぐ止むだろう。もう少し休んでいらっしゃい」

テーマを暗示する台詞のあと、長い間を挟んで――幕。


新東海新聞社は昭和二十一年八月に創刊号を出し。芸術や芸能に力を入れていたが六年四か月で廃刊に追い込まれた。あまりに短命だったが、昨今、全国紙ですら夕刊の縮小、廃止を検討している事態に写すと〝さだめ〟だったのだろう。私を育ててくれた名タイの如く――。

文学座が定期的に名古屋公演を行うようになった二十年代半ばから三十年代前半、我が家では毎日新聞のバックアップを受け「文学座名古屋支持会」を運営していた。ファンクラブ、もしくは後援会の趣である。築地小劇場、ひいては文学座の創立者の一人、久保田万太郎の意を汲んだのだろう。会長は杉本健吉だった。幸いなことに新劇は大ブーム。数百人規模の会員を募っていて名古屋公演のたび、支持者相手にチケットをさばくことが出来た。いや、あの頃は切符と呼んだ。

案内のチラシを会員に送ると、本番前日までに銘々が納屋橋にやって来て、料金を払って切符を受け取っていく。父は不在がち、祖母は何もしない、専ら母が対応していたが、小学校の四年になって私も切符の引き渡しを手伝った。

そんな家庭だったから文学座の名古屋公演があると、座員一行が駅に到着する端、演出の戌井市郎や看板女優の杉村春子が挨拶のため、真っ先に納屋橋を訪れた。

昭和二十六年二月十二日付の「南山大学新聞」に、文学座の主力メンバーと学生たちとの座談会が収録されている。演劇部と新聞部が合同で「ハムレット」を上演するのを機に父がアドバイス、という趣向。名古屋支持会には、南山の演劇部員の殆どが入会していた事情がある。

座談会では、演出の戌井、女優の荒木道子、田代信子らが居並び、東京や大阪に比べると名古屋の観客は舞台と溝がある。そんな感想を述べた。父は、これからはショーの時代、愛と笑いが必要と説く。さらに、最近の学生演劇はプロのイミテーションのようだ、学生らしく研究的な、独創性の強いものが望ましいと導いている。

ＮＨＫ名古屋放送劇団、通称ＣＫ劇団にも、父は昭和二十七年の発足から関わっていた。翌年、名古屋駅前の県商工館ホールで行われた第二回公演のプログラムに、こう感慨を綴っている。

●……去年の秋、この劇団が始めて、八木隆一郎の〝はる・あき〟を上演した時、客席で見ていたぼくは、泣けて泣けて仕方がなかった。

「筋が悲しくって泣いているんじゃないよ」左右の席にいたF君とT嬢に、そう言訳しながら、ぼくは何度もハンカチを顔に押し当てた。

実際、ぼくは悲しくて泣いていたのではない。放送劇団創設以来、親しく付き合っている人々が、かくまで立派に……あざやかに芝居をするようになって呉れたかと思うと、胸がいっぱいになってしまったからだ。

二十九年、「驟雨」を商工館ホールで上演した第三回の記録が残っている。プログラムのちょっとした切れ端に目を遣ると、舞台監督助手・山田昌、照明・新間正次とある。

CK劇団が立て続けに商工館で芝居を打っていた時期だが、三十年五月十三、十四日の阿木翁助作「警察日記」は、私たち父子に感慨深い作品である。

阿木は、築地の研究生を経て新宿のムーラン・ルージュや新派の文芸部に所属、ラジオやテレビの脚本も多いが、終着点は、日本テレビの常務取締役制作本部長の変わり種。

十二日付の中部日本新聞。

◇―阿木氏の親友である名古屋演劇ペンクラブの寺田栄一氏に賛助出演の交渉があった。

◇―寺田氏「役は？」ときけば阿木氏「きみにピッタリの役だ。地でいけるヨ」との返事に、とりあえずＯＫを出しておいたところ。
◇―回ってきた台本をみて驚いた。寺田氏の役は借金に困って警察に泣きこんでくる男。おまけに「令息も出て欲しい」というのでこの役をきくと〝万引き犯人の息子〟の役。
◇―「親子で恥をかきに出ることになりました」と同氏くさっている。

NHK 名古屋放送劇団「警察日記」
光明院役の栄一

同じく　万引き犯の息子役の繁

〝令息〟は言わずもがな、小学校二年の私である。

万引きを犯した父親の面会に警察署を訪れた息子は、手錠姿で現れた男優に叫びながら抱き着く。

「父ちゃん」

稽古を始めてみると、声が出ない。演出家が指導する。

「お父さんがさ、外からお家へ帰って来るでしょ。その時の気持ちで言ってごらん」

的を射た指導だが何しろウチのお父さんは一日中、原稿用紙に向かっていて夜八時には寝てしまう。もしくは宴会に出掛け帰宅は深夜。口にしたことのない台詞を要求されても〝迷子役〟には無理である。

出演料代わりにコリントゲーム、現金は子供に相応しくないとの心遣いか、パチンコ台を寝かせたような玩具だった。

一方、「驟雨」で裏方を経験し、「警察日記」の新聞記者役で初舞台を踏んだのが天野鎮雄と新間正次。これを知ったのは私が名タイの芸能記者になってからだ。大先輩、山田昌への、天野の熱い想いが実って二人が結婚したエピソードも取材の傍ら、判ったことである。

父とCK劇団の絆は、演出や舞台監督などを務めたスタッフとの親密な間柄による。堀川浩二、谷口忠雄、山本雅二らと共同で、舞台だけでなく、ラジオドラマや邦楽番組、果てはバラエティーショーのスクリプトをも担当するようになるのだが、私が名タイに入ってしばらくした頃、CK劇団は解散に追い込まれる。ラジオドラマが減り、かといって舞台は持ち出し。全国に名を知られていない役者でテレビ番組を作りネットしても視聴率に結び付かぬ。CBC劇団もいつしか姿を消し、名古屋で文化を育てる気概を電波メディアが放棄したのである。採算が合わぬものは不要、と。

ひと月半が過ぎた六月二十九日。またしても父子は同じ舞台に立つ。大須・新歌舞伎座での文士劇「風流座」だ。

小説家らの文士劇は、東京、大阪などで昔からあった。けれど、名古屋の場合は演劇ペンクラブの会員が中心になり、それも歌舞伎に挑んだのが特徴。平素は紙面で筆鋒鋭く論評している煩型《うるさがた》が敢えて素人芝居は、罪滅ぼしか。

演目は「菅原伝授手習鑑　寺子屋の段」。

菅原道真が失脚し大宰府に流された、平安時代の〝昌泰の変〟が浄瑠璃になり、歌舞伎でも上演されるようになった。

道真から書道の極意を伝授された源蔵は、寺子屋を開いて子供たちに教えている。ところが、匿っていた道真の子、菅秀才の存在が敵方の松王丸らに知れ、秀才の首を討って差し出せと迫られる。窮した源蔵と、妻の戸浪はやむなく、その日、寺子屋に入ったばかりの小太郎の首を刎ねる。

名台詞——「せまじきものは宮仕え」

松王は首を確認するが、その後、やってきた松王の妻、千代によって、犠牲になったのは小太郎でなく、松王と千代の子だったと判る。

寺子屋入りの場面。小太郎の私は、父が扮する源蔵に頭を下げ、入門を願う。

「お師匠様。どうぞよろしゅう、お願いいたしまする」

父の前だった所為か、ここでも声が出ない。

あんなのは歌舞伎じゃない——殿島が聞えよがしに言い、怖いおじさんだと小学二年生は震え上がった。

配役は源蔵に栄一、戸浪にCBCの上野千秋、玄蕃に犬山の尾北新聞社主の山田素川、千代にCBCの中村精、松王丸に殿島。そして——小太郎の私は歌舞伎に興味など無かったが刀を差せる、それで出る気を起こした。チャンバラが子供にとって最高の遊び。かような時代である。

風流座　第一回試演「菅原伝授手習鑑～車曳」車上で見得を切る時平公役の栄一
昭和 30 年 3 月 29 日　大須　新歌舞伎座

「風流座」の旗揚げは、遡って三月末。この時の「車曳」で病膏肓。夢よ、もう一度となった訳だが、初演の顔ぶれは、梅王丸に殿島、桜丸に中村、金棒引に名タイの清水笛四、杉王丸に中部日本新聞の編集局次長の柴田史郎、松王丸に上野、時平公に寺田。

「車曳」は、同じ「菅原伝授」の三段目だ。藤原時平が吉田神社へ参詣すると知った梅王丸と桜丸が牛車を襲うものの、逆に睨まれて動けなくなる場面。

名古屋タイムズと中部経済新聞が観劇記を載せている。出演者に配慮すればまともな批評は無理にしても、豊富な知識を下地にしながら、どちらもが洒落っ気に富んだ劇評だ。名タイは桑名在住のユーモア作家、辰野九紫、中経は〃阿野奈茂〃の署名。まずは後者から紹介する。

〃オール大統領〃の見出し。

●……松王の上野千秋が現れると「安田屋」ときた。CBC前の一パイ屋安田屋のことかと思ったら、彼の住所が市電の安田車庫前だからだそうだ。梅王丸の殿島蒼人は「ウィスキーが足らんぞ」ときた。酔余の名調子が、まだ舞台に及んでいなかったからであろう。杉王の柴田史郎は、この仁も酒豪であるから（そして少々足が乱れるので）「酔っているかッ」時平公の寺田栄一は、この前オート三輪車にやられて足が不自由。それが車上で大見えを切るのだから「轢かれるな」とか「車曳かれ」というシャレが飛んだ。

　二月二十八日の夜十時二十分頃、父は納屋橋北西詰に立ち広小路通りの向かい、納屋町の自宅側へ渡ろうとタイミングを見計らっていた。そこへ突然、ハンドルを切り損ねた酔っ払い運転のオート三輪が突っ込み、右足の骨にひびが入る怪我を負ったのだ。

　布団に仰向け、ヒッチコックの「裏窓」さながらと苦笑し反面、酒を呑んで車に乗るなど運転の技術以外に常識の試験が必要だ、そう憤りつつも、件の運転手が謝罪に訪れ妻が幼子を負ぶっている姿を目の当たりにすると、まあ良いでしょうと些少の見舞金で手を打ってしまった。案の定、近所の住人たちは、そりゃあ、赤子連れはテキの作戦ですよ、まったく寺田さんはと相変わらず呆れられたが、運転手夫婦の精いっぱいの誠意か演技かは最早、藪の中。酒気帯び、あおりを始め危険運転の罪がクローズアップされる数十年以上も前の出来事だ。今さらではある。

名タイには辰野が、こう書いている。

●……寺田の時平公は輪禍の右脚いまだ不自由で、後見の付け人を要すること先代歌右衛門の如く、延若の如く、喜多村緑郎を兼ねる名優気分百パーセントのようだった。

風流座「仮名手本忠臣蔵」早野勘平役
昭和36年12月　名鉄ホール

「風流座」はその後、幅広い支持を集め、出演者も文筆を生業とする人のみならず多岐にわたっていく。三十七年十一月には名鉄ホールで「勧進帳」はじめ大作六本を上演。檜舞台を踏んだ〝役者〟の一人に、CBCのプロ野球解説者だった杉浦清がいる。もともと中日ドラゴンズの遊撃者だった杉浦は、翌年、請われてドラの監督に就任、久々、ユニフォームに袖を通した。

「車曳」より半月ほど前の三月十三日、中経の「黄表紙」欄で、殿島が栄一の事故をネタにしている。殿島は釣りが趣味でエッセイ集「釣人風月」を出しており、この欄での筆名は鮫人。父は「得月楼」の創業者、橋本屋輿八にちなみ、与八を用いていた。

●……義太夫のけいこ中に与八から電話である。与八は自動車にハネ飛ばされ大怪我をして寝ているのだ。用事は新歌舞伎座に出ている片岡秀郎に、演劇ペンクラブが演劇賞を贈る。その授賞式の打ち合わせである。

ぼくは、ふと思いついて、師匠に太棹をデンデンと鳴らしてもらい、「どうだ、聞えるか」「うん、いい音色だ、たまらんね」「一席語って聞かせようか」すると与八のやつ「こっちはもう寝床だよ」

水木洋子の「竜馬がゆく」が放映中の昭和四十三年五月、日本大芸術学部の演劇学科二年に進んだ私は「驟雨」の演出に取り組んでいた。総合研究という実践科目、二単位である。文学座や学生演劇の影響というより、スクリーンでの台詞に違和感を覚えたからだ。

映画を観たのは浪人中。池袋の文芸座だったか、新宿の名画座か。水木脚本は「驟雨」だけでなく「紙風船」や「ぶらんこ」など岸田の一幕劇からエキスを絞り出した形だった。出演は原節子、佐野周二、香川京子。

もともより映画は、カット割りで製作される。岸田の長い台詞を細かく切られると――そこに不満を覚えたのだ。実際にはリアリティーに溢れ、ユーモアも在るのだが、それは後年、観直してから。若気の至りとしか言いようがない。おまけに「新劇における台詞の重要性」を演出意図に捉え、これはやがて卒論のテーマにもなった。

にしても中京大学高専かもめクラブと二十年の差は大きい。大正末が背景とはいえ中京高専の学生は、新婚夫婦の気持ちの理解に苦しんだ。私たちの時代になると恋愛の形も変わってきて同棲がブームにさえなり始めていた。新婚の、男と女の機微、あるいは齟齬は比較的つかみやすい。むしろ倦怠期の夫婦の有りようが問題で、私も、キャスト四人も台詞の奥に潜む心理を探り把握する方が難儀だった。

ところが「驟雨」は、想定外の方向へと展開する。

読み合わせを始めて間もなく、大学当局に二十億円の使途不明金発覚と報じられたのである。東大、早大などで紛争の狼煙が上がる中、八万五千人の学生を抱えつつも〝眠れる獅子〟と揶揄されていた日大も遅ればせながら加わることになる。わけても芸術学部は先鋭的だった。

他方、芝居の関係者は、舞台で死ねたら本望。親の死に目にも会えないのが役者。これも劇界の常識だ。自身に言い聞かせ、私は芝居を優先、ノンポリに徹したが「驟雨」チームは次第に分裂。ゲネプロまでは何とか説得を繰り返して引っぱったものの全共闘による切り崩しや妨害に遭い結句、本番の幕を開けることは出来なかった。

日大闘争から十五年後の梅雨入り前――CBCが東芝日曜劇場で「たったひとつの約束」を制作した。この枠が一時間の単発ドラマだった時代だ。檀ふみと宇野重吉の顔合わせで、なさぬ仲の父娘のストーリー。熱田神宮のロケに新聞各社の芸能担当が駆け付けた。主役の絡みを写真に撮り、形式通り二人の記者会見。他社はむろん、檀ふみに質問を浴びせたが、最後に私が宇野に尋ねた、名優の回答に、私自身が関心を抱かざるを得なくなった。

「東芝が終わったら、矢張り舞台のご予定なんでしょうね」

「いえ、演出ノートをまとめてみたいと思っているんですよ」

「驟雨」の演出ノートだと言う。よその記者が去ってから前のめりに三十分以上、話し込んだものの、どんな内容だったか全く覚えていないのが情けない。

父子ともども「驟雨」は節目ごと、心の琴線に触れ、あるいは胸を抉られた芝居であったのだ。

高校演劇、大学とCK劇団に共通する「驟雨」、そして「風流座」での共演。

父と子を結ぶ三題噺を披露するうち、次なる舞台の準備が整った――。

【三幕　三場】

〝俳句〟がここからのテーマである。

繰り返しになるが、父、寺田栄一が久保田万太郎の手ほどきにより作句を始めたのは昭和三年。さらに六年が経って久保田が宗匠を務める「いとう句会」に加わり、同人たちと季節の移ろいなどを十七文字に織り込む文学に勤しんだ。客員の水原秋桜子、中村汀女らプロの俳人に指導を受け、松本たかしとも面識を得るのだが、会場に充てていた渋谷のいとう旅館が空襲を受け、句や会の資料は殆どが焼失したようだ。父の句も戦前のそれは全く見当たらない。だが、こうした縁により秋桜子や松本の師、高浜虚子と交流を持ち花鳥諷詠、客観写生の理念に傾いていったのは幸運だった。

昭和二十一年、久保田が主宰する「春燈」四、五月合併號に青瓜の俳号の一句があり、残っているものではこれが一番、古いと言えそうだ。

紅梅のまたちらちらとふりはじめ　　寺田　青瓜

久保田のもとに駆けつけているのだから東京、もしくは鎌倉、季語を踏まえれば早春、如月であろう。「春燈」の重鎮、安住敦も同席している。終戦直後の句集とあって、わら半紙に印刷、製本とはいえ、表紙は舞台装置の第一人者、伊藤熹朔が手掛け、扉とカットは宮田重雄の絵筆。〝豪華版〟である。

虚子の次女、星野立子の句誌「玉藻」の昭和二十一年十二月號が、私の手元にある。その序文を読むと、虚子と立子の父娘は九月から東北、北陸、京阪神を廻る旅に出、名古屋を経て十月二十三日に長野県小諸市の虚子庵へ戻ったとある。旅先のあちこちで句会が催されており、時期から判断すれば「ホトトギス」六百號の記念を兼ねた吟行だったのかもしれない。「玉藻」に収録されている、立子の「旅日記」によれば、大阪毎日新聞社の俳句会を終えて名古屋に向かったのは十月十八日だ。

●……午後早々に名古屋着。寺田青瓜さんの叔母さんの彌木旅館へ。静かな広々とした宿だった。

翌十九日、中村公園に吟行。大勢の人たちに交じって俳句をつくり、挨拶の為に落ちつけなかった。

寄りて来る人笑みまつや秋日濃し

その夜、得月で楽しい晩さん会があった。

中村公園は、名古屋では極めて知名度が高い。豊臣秀吉の出生地、初代中村勘三郎もここで産湯を使ったと伝えられている。瓢箪池も有名な存在で、吟行には打って付けだ。

二十日、彌木旅館で俳談会。虚子の長男、高浜年尾も合流しての会は某新聞社主催と記されているだけだが、二日間にわたる紙面のレイアウトや活字の形に照らし合わせると創刊間もない新東海か。立子が某新聞社としたのは馴染みが薄い新聞だったためとも受け取れる。また会場が親戚の彌木旅館なら実質、招いたのは父かも知れない。

新聞によると、虚子は地味な大島紬の和服に黒呉須の羽織姿。血色のいい七十三歳翁と表現され、二十年間やめていた酒を再び始めた、とある。年尾は紺の背広、立子は桔梗色のお召し。

名古屋の出迎えは父を含め十四俳人。彌木旅館の十八畳の奥座敷で墨絵のような庭を眺めながら〝草紅葉〟の出句を中心に親切な讃評と含蓄ある俳談に花を咲かせた。初日が「菊香る床を背に――虚子を囲む俳談會」、翌日はやや硬く「俳句道徳の問題」。ともに扱いはかなり大きい。

〝くさもみじ〟は、本格的な紅葉より一足早く草が色づくさまをいい、むろん季語は秋である。

彌木旅館は俳句を語るに相応しい東区長塀町にあった。今なお〝白壁〟と称されるエリアの高級住宅街で、江戸時代、尾張徳川家の重臣が住まう白塗りの壁が並んでいたことに由来する。その白壁筋の北側を東西に走る通りが長塀町。矢張り重臣、成瀬、竹腰家の屋敷が建っていたが、こちらは黒い塀が連なっていたという。彌木旅館は、長塀町の面影を十二分に偲ばせる中に在った。

白壁は文教地区でもある。名古屋の代表的な進学校、愛知県立明和高校や私立の男子校東海、こちらは中高一貫で偏差値も高く一流大学はもとより日本の政財界に多くの人材を輩出している。また良家の子女に人気の、これも私学の金城学院は大学まで十年間ずっと通えば〝純金〟の称号。こうしたエリアの二葉町、橦木町は〝文化のみち〟の冠。福澤桃介と川上貞奴の「二葉館」なども改修を施され現存している。

俳談会では何故か、父は三枚目に徹しており、いささか不真面目な参加者だった。虚子が立子の作品を温かく評価する中、同席の一人が次のような一句を披露する。

ころげたる子を抱きあげ草紅葉

咄嗟に父が茶々を入れる。

「しまった、私も子供を作ってころがればよかった」

こんな具合ゆえ選には漏れたが、今夜の私の敗戦は大会の準備で疲れた所為ですな、入選者は骨を折らなかった証拠だよと、洒落とも開き直りともつかぬ口吻だ。

メンバーからは笑い声と同時に冷やかしが入る。

「これが被告の抗弁ですぞ」

「俳句道徳」になると虚子は、優しい言葉遣いの中にも俳句に対する情熱を見せる。些か解り難い記事だが、人となりの表れでもあるから発言の要旨を極力、忠実に再現しておきたい。

●……今夜は二句出句のところ私は先輩だというので八句を選んだ。これは一座の長上者が皆に花を持たせる習慣がいつとはなしに出来て、私もこれまでその例を踏んできた。子規のころには一人が十句つくれば必ず十句選んだ。創作態度は厳粛なもので、自分が作っただけ選ぶのが自信のある選び方、それ以上はムリが出来てどうしても妥協的になりがちでいけない。また総花的に選ばれた主も増上慢を起こしやすい。私は今後その点出来るだけ良心的にいきたいと思う。共に楽しむという気持ちから同じように取りたいと思う。

●……席順などもその通りで、私は年長者であり遠来の客であるというので今夜こうして床を背負った上座に坐らされているが、席順などどこに坐ってもよく、膝つきあわせて自由な気持ちで句会をやりたい。子規の晩年は病床にいた加減もあるが、床の周囲どこへでも坐って自由にしゃべったり詠んだりした。よく地方へ行くと主宰者や世話役が私の周囲に坐りたがり席争いがあったりするがあれは醜い。かといってなげやりはいけない、長上への尊敬と秩序をわきまえた謙虚な気持ちがほしい。

俳句のみならず世間一般に通じる良識を父も神妙に受け止めている。

「どこへ坐ろうと自分の心構え一つですな」

虚子は、こう締めくくる。

●……句会の際、注意すべきは俳句道徳に気をつけること。読み間違いが相当あるが、あれは失策。

虚子と立子が納屋橋を訪れたのは俳談会の直後。「玉藻」に虚子があとがきを加えている。

〝青瓜居〟の表題。久保田の〝栄一居〟と同様、納屋町の我が家を指す。

●……私は大きなテーブルの前に坐って、ろくろく話もしないで「細雪」を読みはじめた。旅中でしかもあわただしい時間の間に一寸この青瓜氏の書斎で小憩することになったのである。

「私の見たいと思っている本は、此処にくれば何でもあるようね」

と、立子はそういいながら立って書架の前に行って、二三の本を選り出していた。私も立って行って見ると、その中に「細雪」があるのに目が止まった。新潟へ行った時分に、高野素十君が

「ささめゆき、というのを読んでみましたがホトトギスの文章を読んでいるような気持がしました」

ということを言っていたので、どんな文章であろうかと思って読んで見る気になったのである。

高野素十は、虚子の高弟だ。

立子は「暗夜行路」の特製版だというのをテーブルの上に持って来て

「こういうのは今は中々見つからない」

といったり「座右寶」という雑誌を開けて見て、それに出ている志賀直哉氏の写真を見て

「之は顔違いがしている。随分年寄じみた写真ね」

青瓜氏が
「あごひげのせいもあるでしょう。此の方の写真は如何ですか」
といって、別の本を見せるらしかった。私は一寸その方に耳を傾けて
「貸して御覧」
といって、その写真を見た。「矢嶋柳堂」という書物である。すぐその本を立子の手に返して、
又「細雪」を見る。
お母さんや奥さんはお菓子や水菓子を運んできたり、茶をついだりしてくれるようであった。青瓜氏はテーブルの向う側に坐って、この春の結婚の記念畫帖を立子に見せているらしい。

虚子は、「青瓜居」を、こう結んだ。

●……拭き込まれた格子戸とか靴ぬぎなどの様子が戦災を免れた、昔の名古屋の賑やかな中心地の一つである納屋橋という處の面影をそのままにとどめている。

虚子が関心を示した「細雪」——谷崎潤一郎が中央公論に連載を始めたのは昭和十八年だ。一月号と三月号に発表されたが、六月号は戦時にそぐわないと、軍部から差し止めを言

い渡された。このため谷崎は、私家版の上巻を十九年七月、友人知人に配ったものの、これまた印刷、製本の禁止である。

ようよう上巻が陽の目を見たのは戦争が終わった二十一年六月。中巻が二十二年二月、下巻が二十三年六月に刊行され中央公論社が全巻を発売したのが二十四年十二月だ。しかし今度は、ＧＨＱの検閲が入る。

虚子が、我が家で目を通した「細雪」は上巻だけだろう。発行されて四か月しか経っていない。ひょっとしたら父と同様、小山内薫に教えを受けた谷崎だ。私家版を父が譲り受けていた可能性も無くはない。となれば、これも随分、貴重な一冊だが矢張り行方知れずである。

虚子が納屋橋を訪れたのは、とりわけ父が長男の年尾と近しい間柄だった為とも考えられる。当時、父は連句に凝っており殆ど毎月、年尾を招じ「納屋橋句会」を催していた。

前の月、つまり九月に開いた「納屋橋句会」は、二階の十畳と六畳をぶち抜き、十一人が参集した。秋とあって〝虫〟もお題の一つだったが早速、父が不謹慎な質問を投げる。

「先生、虫というと、虫の声。こおろぎなどはどうでしょう」

「いいと思いますよ」

父がポツリと独り言。

「真田虫はどうかな」

メンバーが混ぜ返す。

「それが言いたさに聞いたのか。ムシかえしにね」

ここでも父は落選。言うまでもない。主宰として場を和ませようという努力なのかもしれぬが、サナダムシは懐かしいと言っていいのか——尾籠な話だが化学肥料が行き渡らない時代、野菜作りは専ら糞尿を用いた下肥で寄生虫が駆除されず、小学校ではマッチ箱を使った検便が定期的に行われていた。大抵はカイチュウやらギョウチュウの有無を調べるのだがサナダムシは大形でがっちり腸壁に噛み付くと言われ、子供たちにも親にも恐怖だった。


翌二十二年、変わらず俳句に熱中している最中、妻、きぬが妊娠し暮れも押し詰まった二十九日、長男が誕生する。私がこの世に生を受けたのである。いくら遊んでも相手を孕ませたことがなく自分にはタネが無いと信じ込んで、すっかり諦めていただけにまさしく望外の喜び、おチンチンを確認するや、皇太子だ、皇太子だと叫び、町内を駆け回ったそうな。私自身、長じて振り返れば煩わしいほどに子煩悩で過干渉な父ではあった。

男親の最初の仕事、当時は名付けである。本来なら師の久保田万太郎を真っ先に浮かべるところだが、事情は分からない、名付け親に恃んだのは志賀直哉だった。納屋橋の家で、星野立子が「暗夜行路」や「矢嶋柳堂」さらには雑誌「座右寶」の写真に見入っていた情景が想起させたのか。

ウナ電が届いたのは、明けて二十三年一月十一日。

シゲ　ル」モジ　ハビ　ンノシタニイト」イサイフミシガ
カタカナ表記の電文は、いささか読みづらい。漢字とひらがなに変換する。

〈しげる　文字は　敏の下に糸　委細　文　志賀〉

今やスマホの時代。ウナ電を知るのは、かなりの年配だろう。固定電話すら普及していなかった頃、速い連絡の手段は電報。中でも速達に当たるのがウナ電だった。英語のurgentは至急。頭文字のＵＲをモールス記号の和文に当てはめると〝ウナ〟になる。

蛇足だが、ウナ電は昭和五十一年に廃止された。公衆電話が一般的になったのも事情の一つであろう。

東京都世田谷区新町の住所が記された志賀直哉の文《ふみ》は十銭切手が四枚貼られ、一月十日の消印が押されているものの、受け取ったのはウナ電より遅れて十三日前後のようだ。郵便事情も現在とは違う。でなければウナ電の意味がない。

〈御端書今日拝見　男子ご出生との事お祝い申上げます　この頃は漢字制限で色々な字が名前に使えなくなったという話ですが、君の栄一に対し繁《しげる》は如何でしょう。繁太郎《はんたろう》というのも考えましたが、呼ぶには　しげるの方が呼びいいようにも思います。ゆっくり考えたらもっといい名が想い浮かぶかも知れませんが、十三日というとこの端書も間に合うかどうかと思っています。私は十二日から熱海市稲村大洞台野口別館に引っ越します。早々〉

父が栄一、息子が繁。合わせると繁栄になる。小説の神様も父が再び「得月楼」の暖簾を掲げ料亭として復活……願いを伝えたかったのか。

十三日、と期限があるのは、出生届を区役所に出す都合だろう。実際、戸籍上の私の生年月日は二十三年一月二日である。病院で医師が取り上げれば融通が利かないが、何しろ陣痛が始まると産婆が駆け付け、湯を沸かして盥に注ぎ出産の準備。全てがのんびりとしていたのだ。

久保田万太郎からも祝いの句がプレゼントされた。これについては父が、名古屋の俳人、高木青巾が主宰する「千鳥」に寄せたエッセイが最も簡潔である。「古い手紙」と題するシリーズで、六十八年近い生涯にいろいろな人から受け取った便りをモチーフにしており、ここに引用する久保田からの手紙は、昭和四十七年一月号の掲載。亡くなる三か月前だ。愛知県がんセンターのベッドで治療の合間にまとめ、送ったのだろう。
●……大正十四年、小春から、昭和三十八年、おかくれになるまでには、随分沢山の手紙をもらっている。
これは、昭和二十二年の暮の二十九日にわたしの長男が生まれたときのもので、文学座の役者たちとの寄書……、日付は翌年の一月二十六日になっていて、巻紙に毛筆である。

〝寺田栄一、四十を越して人の親となる〟

わがひざにわが子をしかとしぐれかな

この句を祝いの句として作りたるなれど、たんざくに書くのが面倒にていままで御覧に入れなかったのなり、たまたまきょう文学座に来てこれを書く機会を得、すなわち前座を相つとめ申候

おかがみやはだか人形のくびれ皺　　普（註、竜岡）

もちつきのさ中うぶこえあげにけり　伸郎（中村）

はえば立てたてば歩めよ日脚のぶ　健（三津田）

奈良小春日和笛吹童子かな　精二（宮口）

何やかや産着もありて春支度　市郎（戌井）

このあと、父の注釈と雑感。

●……竜岡普君は、俳句雑誌〝春燈〟の俳人、中村伸郎君も宮口精二君も、近年なかなか俳句がうまくなっている。

三津田健も役者、戌井は演出の大御所だが、巻紙の寄書も紛失。父が父なら息子も不肖だ。

これとは別に、もう一句。

四十四の遅き初児に早き梅　松本たかし

ところで、二十三年一月十一日付の名古屋タイムズ「学芸消息」欄に、こう書かれている。

●……寺田栄一氏は旧臘二十九日男子出産。

〃きゅうろう〃は十二月の意で、新年になってから使う言葉だが、こんな活字があり、よくも文選工が見分け、ピンセットで拾っていたものだと驚く。

●……田村秋子さん「劇作」第七号に「姫君」三幕を執筆。

山本安英さん（新劇女優）東京都新宿区柏木四ノ九四四に移転。

田村の新作は兎に角、残る二つは個人情報である、ニュースの有り方も違っていたと言えようが、名タイが出産を伝えた〃男子〃が大学を卒業後、この新聞社の、それも芸能記者になったのだ。高校演劇コンクール名古屋市予選が行われた、中日会館の後日談と同じく、縁の不思議を感じるのである。

二十五年二月三日に次男、つまり私の弟が誕生する。出生届を調整した訳ではなく、正真正銘、節分だが、また問題が生じた。

岡戸武平が名タイの「新茶話」蘭に洒落っ気たっぷりの一文をしたためている。タイトルは「姓名考」で、私の名前をわざと〝茂〟にしたあたりが、そもそもシャレの前提なのだ。
●……子供が生れて、名をつけることも一苦労らしい。演劇通の寺田栄一さんのところでは、この間次男が生れて、長男は志賀直哉さんが名付親で茂と命名、今度の子には祖父の名、哲二にあやかって哲と命名しようと思ったところ、茂と哲は相反する政党の党員。縁起でもないと思い久保田万太郎氏に名付親になってもらうことにしたんだそうだ。

演出家で芸能評論家の吉川義雄が、父の死後、四十七年八月の「春燈」に追悼の意を込めて記している。親交のあった久保田万太郎にまつわる話題を綴るシリーズ《久保田先生をめぐる思い出》の二十二回目。父が亡くなったことを受けて昔のエピソードを持ち出したのであろう。

吉川は東京帝大大学院を出て昭和八年、ＮＨＫに入局。二十八年に初代テレビ局長を務め「紅白歌合戦」のスタート時の責任者でもあった。放送局長、芸能局長も歴任しているが復員してすぐ勤務したのが名古屋。ラジオ制作の部長だった。父と知り合ったのは、こうした事情か。

「名付親」のタイトル。一部略。
●……寺田栄一からの電話で、今日中に久保田先生の東京の立ち廻り先を探して連絡してくれという。ＮＨＫの連絡電話でなんとか、との依頼である。彼に次男が生まれた。名付親に先生を懇願。長文の手紙を指出してある。実は明日がお七夜に当たり、戸籍届の締切日だから、明日午後までに遅くとも返事をもらいたいという。その夜、連絡がつき、名前が届いた。しげる、繁茂の茂とあった。ここで驚いたのは彼である。長男は志賀直哉の命名でしげる、繁茂の繁である。兄弟が共にしげるで、兄貴が繁茂の繁ちゃん、弟が繁茂の茂やあい、では落語みたいですと長嘆した。

戦後の物資窮乏の際だから、お七夜に届けないと、医療切手も貰えないし、ミルクの配給も貰えず、赤ん坊は飢えるのだ。止むを得ず、彼の母堂が急きょ、名前を付けて間に合わせた。

「同じくしげる。漢字の語感がわずかに志賀先生とおやじさんと異なった丈です」

と彼は私の徒労を謝した。

「栄一の次男なら、次郎と続けりゃあええがなも」

母のつなが、そう決めたと吉川は結論付けている。

栄次郎凧よくあげる子なるべし　　万太郎

「ねんげ句会」に話を戻そう。

小酒井不木の声掛けで「ねんげ句会」が発足したのは、昭和二年。今なお続いているのだから九十余年の歴史、まことに息が長い。名古屋の文化を担う顔ぶれが中核を成す一方、東京などからも俳人、作家、画家、役者らが参じ毎月、賑やかな時を過ごすのは、昔も今も変わらない。

九十余年の歴史と書いたが、戦争による中断が四年ほどある。十九年の二月例会で、ひとまずの休止に追い込まれたのだ。B29による空襲が激化すれば悠長に句会どころではなかろう。

歴史ある句会なのに、まとまった資料が残っていない。戦火による焼失は勿論だが、それ以前に不木がいわば座興で始めた集まりである。本書を著わすため唯ひとつ頼ったのは、長きにわたり会の重鎮だった岡戸武平を著者代表に仲間が執筆を分担し昭和五十五年、丸善名古屋出版サービスセンターより刊行された「ある句会」だ。〝ねんげ句会半世紀〟の副題。以下、同書を元に話を進めるが、これも絶版。愛知県蒲郡市の古書店にわずか一冊が残っていると判り、慌て取り寄せたのだった。現在の同人——作家で香道家の水谷三佐子も、まず見当たらない貴重な本だと語る。

岡戸によると戦後、句会が再開されたのは二十三年五月。世間は未だ平穏と言えず、広小路本町角のビルに星条旗が翻り、現在の白川公園には通称アメリカ村。カマボコ屋根の兵舎で米軍将校たちが日本人とはかけ離れた暮らしを送っていた。その年明け頃、ぼちぼち俳句でもやろみゃあかと鬱憤晴らしの声が沸き起こった。毎回、謄写版刷りの出句、時代である。奇しくも私が生まれた直後だが父、寺田栄一は同人に名を連ねていない。

再スタート時は、以前とほぼ同じメンバーながら「桃山句会」の名称だった。中心になったのは殿島蒼人、桃山葱雨の兄弟。葱雨が中区鶴重町に開店させた軽食と喫茶の「桃山」が会場に充てられたためである。鶴重町は現在の錦三丁目、大繁華街キンサンだ。葱雨に先見の明があったと言ってよく、客用にモーターを回して自家製のアイスクリームを作るなど大当たりをとって盛況を極め、句仲間には酒、肴とも存分に提供、会費は寸志程度だったそうな。これまた庶民感覚とは随分な隔たりだが、作句にうつつを抜かす優雅さ自体――。

二十六年七月一日付の名古屋タイムズに「桃山句会」水無月抄が載っている。文字通り六月に行われた会の報告で、寺田青瓜の句が名古屋の新聞に紹介されたのは多分、初めて。実質的な「ねんげ」デビューだ。句題は「自殺人」とあり、岡戸に次ぎ二位。

されど女の心つめたし蟻の道
誘蛾燈冷石庵へ道遠く

冷石とは「ホトトギス」に学び、昭和二十三年、「白桃」を創刊した杉浦冷石だ。プロの、この俳人も「桃山」から「ねんげ」へ共に歩み、父とは古い付き合いの彼の家が会場だったと推察できる。

冷石も二句。ただし六位。

幾千の蟻の足音頭に来る
蟻幾万われを曳く夢愕然と

「拈華」が中断を挟んで「桃山」に変わり、今度は平仮名の「ねんげ」になったのが三十年一月。

栄一が正式に加わったのは、この三月ではないかと岡戸は記しているが少し前の、平仮名に変わった、まさしく第一回「ねんげ句会」に父は列席したらしい。一月十七日付の中部日本新聞に二句。これも飛び入りだったようだ。〃睦月抄　風花舞う〃は、上野千秋に次ぎ二位。戦後も引き続いて久保田万太郎を師に仰いでいたのだ。久保田が主宰の「春燈」の影を漂わせ、岡戸も「ねんげ」ではAクラスの俳人と認めている。

風花やしづかに廻る観覧車
獅子舞ののけぞる空の薄浅黄

一、二月の会場は「桃山」だったが三月は「得仙」に移る。あんこう鍋で知られるここは「得月楼」の板前が独立して暖簾を掲げた名店、一幕一場で紹介の通りである。ただし父は二月末、交通事故に遭い床に臥せっていたから予約の口利きだけに留まり、一行が座敷へ上がったのだろう。正式な入会云々は岡戸の勘違いにせよ、「得仙」は以降、ときどき会場に使われることになった。

広い人脈を持つ句仲間たち。これも「ねんげ句会」の特徴である。よって招かれた顔も多士済々。一度のみ、もしくは二度、三度の出席者をざっと拾い集めれば——小島、伊志井、喜多村、市川翠扇、花柳章太郎、中村勘三郎、注釈を加えるまでもなく十七代目。また、岩井半四郎。このあたりは父のつながりだろう。ほかに陶芸の加藤幸兵衛、鈴木青々ら。面白い俳人は、衆議院議員の江崎真澄、辻寛一、大野伴睦。俳号は万木。愛知と岐阜の縁だが岡戸は、万木の俳句はさほどではなかったと記録している。

愛知県知事の桑原幹根、名古屋市長の杉戸清はともに正規の同人。桑原の俳号は閑古亭、杉戸は清のまま通していた。

名古屋の栄でおでん屋「辻かん」を営んでいた時期もある、辻の代議士仲間が江崎や伴睦。さらには閑古亭との繋がりも考えていい。

辻かんの息子が、令和二年、「たかが殺人じゃないか」で〝このミステリーがすごい！〟など、ミステリー3冠を成し遂げた、辻真先である。


当時の政界事情は措き、文化不毛、白い街と揶揄されていた地に、東京藝大に劣らぬ芸術大学をと熱望、愛知県立芸大を誕生させたのは桑原知事だ。折しも私たちが高校を卒業した昭和四十一年の春に一期生を迎え入れたが、受験戦争が過熱する時に芸大などという反対を押し切っての英断。結果、東海地方に限らず全国で活躍する美術家、音楽家を送り出した。閑古亭の功績は大きい。

杉戸市長も邦楽などに造詣が深く、市政においては堀川の浄化が悲願。川沿いの「得月楼」に生まれ、八事に引っ込むまで六十一年を納屋町で過ごした父と懇意だったのも自然である。


「行儀の悪い句座」とも岡戸は記している。壁にもたれて頭を抱え、浴衣姿で寝っ転がり、果ては座布団を枕に突っ伏して唸り、句をひねる。しかし、父が誘った宮田重雄が「いとう句会」はこんなものじゃない、まるで小学校の修学旅行だ、俳句で食ってはいないが、人を食っている手合いの集まり、と暴露したことから「ねんげ」はますます乱れるようになったとか。犬山から参加していた山田素川は酔った挙句、他人の靴を履き違えて帰ることしょっちゅう。被害者が二人出たことも、と「ある句会」に残されている。

句会は、仲間の家で開かれたほか、名古屋市内、もしくは近郊の料亭、料理屋を使うようになっていく。同人の〝顔〟が効いたのだろう。旨いものと酒が目当てだから頷ける。これで作句の苦労がなければ有難いとのたまう不埒な輩さえ。

一泊の旅にも年に何度か出掛けている。例を挙げると、知多半島の南に浮かぶ篠島だ。昭和三十七年三月に発行された「名鉄ニュース」に父が〝風流篠島食談〟を寄稿している。三十二年三月の吟行である。この時分から青瓜の俳号をやめ何故か、本名の栄一を用いるようになったのだが、ともあれ編集部の意向に合わせ、ちょうど五年前の篠島を選んだのだろう。古知野に疎開していた水木洋子との〝めぐり逢い〟をつづったエッセイと同様と受け止めていい。事実、名鉄急行で新名古屋駅から河和に行き、愛知観光船で島に渡った、と説明している。

●……篠島へついたのが三時半頃……〝ギフ屋〟という宿に落つく。

六時近く、句会終了。間髪を入れず蒼人雅兄の「熱い酒を早く早く」という号令を柝の頭に、句莚はたちまち酒莚と道具居どころがわり……、芭蕉の〝文台引下せば即ち……〟というところ。

生雲丹にはじまって蟹の塩茹で、鰈の刺身、縞海老の塩焼き、飯蛸の煮付……と、材料の生地を活かした料理が、つぎからつぎへと運ばれる……。

そのうち……焜炉にかんかんと炭火がおこったのが二つ、座敷の真ン中へ持ち出される。つづいて、いかなごの、いまさっき獲ってきたばかりという、蒼白さを通り越して銀色にぴかぴか光を放っている活きのいいのが大丼に盛られてとどく。これを主人夫婦が金網の上に並べて焼いてくれる。その焼立てを、箸にはさんで生姜溜をジュッとつけて食べるのである。

一同、喰べも喰べたり、呑みも呑んだり。

翌早朝……コツーン、コツーンという異様なる響音に夢を破られる。何事ならんと寝不足を我慢して階下へ降りて驚いた。早起きの武平老が洗面所の穴へ入歯を落したのである。ギフ屋主人自らハンマーを振るって、新造の洗面所の煉瓦を破壊、入歯摘出作業中……。

吟行記なのに、句会の模様が全く書かれていない。それこそ「ねんげ句会」たる所以だが、眠気覚ましに父がギフ屋の周辺をぶら歩き、詠んだらしい句が「ある句会」に収められている。

この島の石段多き余寒かな

武平老の入れ歯は、様々な人が面白がって取り上げているが「ある句会」で武平老が逆襲に及ぶ。いや、父のこれも結構、知られた話だ。

四十四年十一月、奥飛驒は白山国立公園への一泊の吟行である。宮田が夫人の節子を伴って同道したのだが、ひるがの高原より、もうひと山越えた何もない秘境。ビールを頼んでも一向に届かず、馬を走らせて里まで買いに行ったのではと訝るほどの山中だった。

●……宿舎の縁側に出れば道を隔てた前に厩があり、毛並みの良いもと競馬ウマが二頭。その晩寺田栄一が、小便に起きて便所まで行く煩を除けて馬小屋に向って放水したら、二頭の馬がむっくりと起き上がって、鼻を浮かせ一声癇高くいないないた小嘶のできたのは、この時である。作者は宮田重亭である。

前出の水谷三佐子が往年の名古屋演劇ペンクラブを一冊にまとめ、中日出版から発刊の「婆佐羅たちの宴」で、こう紹介している。

《逸物が立派なことで名高い寺田栄一》

出典が「ある句会」なのかどうかは不明だが、これを書いた婦人は水谷だけだろう。見たとすればタダゴトではない。何せ息子——この場合は実のムスコである私ですら、いずれの〝使用中〟も未確認だ。水谷は別の筆名を西穂梓、私も所属している中部ペンクラブで副会長の責を担っていた。中ペンもまた、なかなかの団体と自慢しておきたい。

もう一方の〝使用中〟に触れる。放水だ。酒が好きではあっても、決して強くはなかったと思う。私が中学時代だから父は五十も終わりがけ。酔っ払って帰り寝室の手前の四畳半を便所と間違えたこと何度か。背広のままズボンのチャックを下ろせば膀胱が満タンゆえに最早、止まらない。尿とアルコールが入り混じった臭いは強烈で、子供部屋の襖を開けることさえ適わなかった。湯を沸かし、雑巾での拭き掃除は母の仕事。大層な迷惑オヤジである。

酔っての寝言も、絶えずのことだった。小島政二郎にだけは打ち明けていた胸奥の悩みか、それとも本来、気が弱い性質だから先様に面と向かって口答えが出来ず知らぬまま寝言で吐き出していたのか。たいがい大声で「バカ」と口走る。

尤もいつだったか、母が苦笑まじりに教えてくれた。

「お父ちゃん、知らない女の名前を叫んだ」

「ねんげ句会」の名物に俳画展がある。言い出しっぺは岡戸だ。吟行には絶えず画帖と絵具を携え、スケッチに余念がなかった。俳句の悪評を挽回するため、とは当人の弁だが本音ではあるまい。

ただ、絵が描ける会員は僅か三人。前田青邨門下の秀才、野村苳韵《しょういん》は別格として、三重師範学校を卒業した上野。三河の画家、太田一彩に学んだ冷石。その他は——したがって苳韵に手本を頼み写すだけという横着者も少なくなかった。梅原龍三郎の弟子、宮田と幼馴染の父も一応、描きはしたが。

それでも反対する者がいなかったのは、句会の酒代捻出が第一の目的だったからだ。少なくとも東海地方では名と顔の売れた人の俳画である。展覧会を開くたびノルマの六号色紙五枚、小色紙三枚が瞬く間に捌けたという。

第一回の俳画展が開かれたのは三十八年、松坂屋の八階催事場。宣伝部長が同人だったお蔭でショバ代は無料。築地小劇場の舞台模型展や「海戦」などの公演といい、松坂屋とは因縁が深い。

俳画展は断続的に六回行われ、四十五年になって丸善画廊に移った。現在もその都度、場所を替えつつ伝統行事に変わりはない。

俳画展の原形は日曜画家の集まり、チャーチル会である。イギリスの首相だったウインストン・チャーチルの余技は絵画で、これが俗にいう玄人はだし。得意な分野は風景画だった。

思想面は相容れないパブロ・ピカソが、チャーチルは画家としても一流になれた、と賞賛したほど。

二十四年六月、東京・新橋の喫茶店にたむろしていた各界の著名人たちが絵筆を握り「チャーチル会」が結成された。英首相本人に名前を使用する了解を取り付けたのはしばらく先だが、グローバルなお墨付きを得た団体ではあったのだ。そうして東京から京都、名古屋へと輪が広がり現在では全国四十か所の支部に千人の会員を抱えている。発足当初は梅原龍三郎、安井曾太郎を顧問に迎えたという、格式の高さであった。

♬マチスが何だ　ピカソが何さ

「チャーチル会のうた」のもと、第一回全国大会が静岡県の舞坂・弁天島で開かれたのは二十七年五月十一、十二日。東京、名古屋以外の参加は大阪、防府、博多で、総勢六十六人。毎日新聞と新東海新聞が同行取材している。

名古屋組は、幹事長が青柳秀夫。桑原の前の愛知県知事だ。幹事がファッションデザイナーの小澤喜美子と父。さらには杉本健吉や、中部日本新聞に在職中の亀山巌。

東京組は錚々たる顔ぶれ――益田義信、宮田重雄は本職。杉浦幸雄、漫画家とはいえ同業である。果てはデコちゃんこと高峰秀子、江見渉、槇芙佐子ら映画人、作家の石川達三、日本商工会議所会頭で、日本航空会長の藤山愛一郎。変わったところでは英国大使館一等書記官のエドワード・ロス・スミス。

注目の的は無論、高峰だ。新東海は、ファンに取り囲まれて写生もままならずと伝え、人垣をかき分けて《デコちゃん　舟で海へ退避》の見出し。記事は、わずかにカンバスと向き合う程度で、スケッチよりサインの方が多かった、と続く。

逆の視点で記者を惹き付けたのが藤山だ。毎日新聞が次のように伝えている。
●……一人ポツンと描いていたが、もく星号墜落現場と誤認された舞坂付近を絵にしているらしい、印象的な姿だった。

米軍の占領が解かれる十九日前、正確な日付で表せば二十七年四月九日の朝、羽田を飛び立った日航機・もく星号が消息を絶った。大阪を経由して福岡へと向かう途中である。操縦士、副操縦士はともにアメリカ人。伊豆大島の三原山近くに墜落し、乗客、乗員三十七人が全員死亡の大惨事だがボイスレコーダーなど未だ無く情報が錯綜。舞坂沖の海上に堕ちたという連絡もあった。

亡くなった乗客に漫談家の初代大辻司郎がいた。何しろ初めは舞坂沖に墜落、しかも全員無事と伝えられたため気を利かせた大辻の秘書が「漫談のネタが増えました」とコメントを発表、鵜呑みにした長崎民友新聞が世紀の大誤報を放ったのだった。大辻はこの新聞社が主催するイベント「平和の祭典」に招かれて機上の人となっていた。秘書のリップサービスと裏付け不足が誤報の原因。

　事故を扱った小説といえば、松本清張の「日本の黒い霧」をはじめ多くあり、的確かどうかは別に、作家の関心を惹いた大事故ではあった。

　藤山は五年後、請われて岸内閣の外相に就任し、中共問題を念頭に置く一方、日米安保改定、日米地位協定を締結、政治家に転身する。政治に無関心な父は、知己と文化の香り漂うロマンスグレー、そんな理由だけだろう。藤山総理の誕生を望んでいた――ように息子は感じる。

「チャーチル会」名物の余興は紙テープ切り競争だ。船出の際などに投げる五色の紙テープの両端を一人ずつが摘まみピンと引っ張る。片方が中央を糸切りバサミで割きながら進み行き早く相棒へ辿り着いた方が勝ち。旅亭「松月」で開かれた懇親会を新東海がグラフで紹介しており、浴衣姿の藤山や杉本の真剣な表情が楽しい。一位になった藤山に〝さすがのスピード〟と、ひねりの利いたキャプション。

　食事が終われば夫々が膳を片付け、消灯は十一時。東京でのルールに従ったとある。「ねんげ句会」と同じメンバーが少なからず居たにも関わらず、お行儀がよろしい。

　ナゴヤ大会に家族で出席したのは、私が小学三、四年時。計算すると昭和三十一、二年だ。

昭和区・八事の料亭「八勝館」にタクシーで乗り付け、午前中、水彩で庭を写生、昼食のあと恒例のテープ切り競争の記憶がある。

寺田栄一の晩年、それも俳句となると、やはり「ねんげ句会」だ。個性的な俳友十数人が月ごとに集い、時に旅へも出る。篠島、奥飛騨の吟行など、世話役の苦労は生半可ではなかっただろう。と言っても初期の桃山葱雨、殿島蒼人は他の同人を上回って個性的、否、アクが強すぎたからまだしも、四十五年八月、バトンを受けた黒川巳喜は気苦労が絶えなかった筈。でも、この人を抜きにして「ねんげ句会」を語ることは出来ぬ。岡戸も、黒川が引き受けなかったら「ねんげ」は終わっていたと記している。

黒川は、不木と同じ蟹江町出身の建築家。二十一年、名古屋に黒川建築事務所を設立、日本建築家協会の東海支部長まで務めた大物だが、息子は遥かに上回り、京大で西山卯三に学び、東大大学院で丹下健三に教えを受けた、世界の黒川紀章である。

黒川巳喜は、単なる世話人——季節に合わせて吟行先を定め、食いものが評判の料亭や旅館、レストランを探し予約を入れるだけでなく蟹江町の鹿島神社に次々、同人たちの句碑を建てていた。面倒な係を願うに、これ以上の人材はいまい。

句碑の除幕式が行われたのは世話役を引き受ける約二年前の四十三年十月十五日。快晴の秋空だった。最初は上野、杉浦、殿島、岡戸、宮田の五人分。入り口には桑原が筆でしたためた〝文学苑〟の大標石が鎮座する。

葭切は葭の青さにけふを鳴く　岡戸　武平
多度鈴鹿女竹の間に春の水　宮田　重亭

句碑はやがて十人分が追加され、合わせて十五基となる。父の句と、他に四人を披露しておく。

いつとんで来たか机に黄の一葉　小酒井不木
水郷の湯に抱かれて冬一日　桑原閑古亭
せり市の金魚手荒く移さるる　杉戸　清
朽舟は若葦の辺に動かざり　原　たかし
鎮守への裏の細道鵙高音　寺田　栄一

名大英文学の教授だった原は、名古屋演劇ペンクラブ理事長にも就いている。

句碑の建立について黒川は、除幕式で次のように挨拶した。「ある句会」の掲載文から抜粋する。

●……蟹江を始め海部郡の南部一帯は情趣に富み素朴な農村でいわゆる水郷と称される処だ。しかし近時、名古屋市の急激な発展に伴い、周辺地蟹江にも甚だしい変貌が生じ、野趣に富める風景が失われてゆくのは真に淋しい思いである。この情景をせめて短詩型文学に残すことは意義あることと考慮し天下の詩人文人がこの地を訪れて残した詩歌詠草、随筆等を石に刻み、永遠にその面影を残すため企画されたのが鹿島文学苑である。

移り行く蟹江の風情。さらに巳喜は解説を加える。

●……昭和三十四年九月の伊勢湾台風による水害に依り、急速に都市化現象を深め、往時の姿が消え去らんとしている。残念だが如何とも出来ない。

これという文化財が無かった蟹江。それも理由らしいが実は前段がある。黒川巳喜の父、広治が吉川英治の大ファン。英治も蟹江を愛して昭和十七、八年頃、黒川家に遊び〝東海の潮来〟と表した。

川畔を散歩中に生まれた句。

佐屋川の土手もみちかし月こよい

昭和三十七年九月、吉川英治が亡くなった時、杉本健吉は感謝の念を込めて「新・平家物語」の登場人物に囲まれた英治の絵を描いている。

そして、黒川広治の死後、巳喜は英治の句碑を思い立ち、佐屋川尻の堤防に堂々たるものを建てて蟹江町に寄付。三十九年四月、英治の未亡人を招き除幕式を行った。

一方、「ねんげ句会」の句碑は、さらに十人を足して二十五基。こちらもマスコミに取り上げられ蟹江の名所となった。巳喜は最後に自らの句碑を完成させ、だから今、鹿島神社には二十六基が点在、十七文字の芸術が参拝客に語り掛ける。


土手の家たつきの水を藻の花に　　黒川　巳喜

あらゆる仕事を手掛けてきた父、寺田栄一だ。それに伴って時間軸が行ったり来たりする点をご容赦願いたい。

【四幕　一場】

終戦直後、娯楽の王様はラジオだったと前に書いた。大本営発表を国威発揚に利用した反省がＮＨＫの自主的なものであったかは判らぬが、幾つかの斬新な番組が生まれ人気を得ていくことになる。ラジオといっても一家に一台が箪笥の上に置かれ、家族全員が座して楽しんだものだ。初期のテレビ受像機が床の間の主役だったように。

昭和二十三年十月三日。ＮＨＫ名古屋中央放送局に新番組が登場する。「三つの鎖」である。聴取者参加の公開放送という目新しい企画に父はレギュラー回答者として出演するのだが、その前に二十年代前半のラジオ事情を説明しておこう。

東京発の人気番組が三つあった。まず、今も放送史に語り継がれている「日曜娯楽版」だ。登場したのは、二十二年十月。三木鶏郎が構成と進行を担当した音楽バラエティーで、飯沢匡、野坂昭如らも参加。投稿マニアだった中学生、永六輔は、のちにプロの放送作家となる。吉田茂首相を俎板に乗せるなど戦前には想像もできなかった内容は、新しい時代の到来を告げるに相応しかった。出演者は楠トシエ、三木のり平、有島一郎、丹下キヨ子、中村メイコらスターがずらり。音楽ではジャズのジョージ川口、小野満、こちらも一流ぞろい。

ひと足早く二十一年十二月にスタートしたのが「話の泉」であり、遅れて二十二年十一月からは「二十の扉」が始まった。双方ともＧＨＱの教育、文化、芸術政策の後押しによるものだから、アメリカで支持されたクイズ番組が原形だった。

前者は「リンゴの唄」を作詞したサトウハチローのほか、堀内敬三、徳川夢声、山本嘉次郎、渡辺紳一郎らが時事問題などに蘊蓄を傾けた。渡辺は朝日新聞のパリ、ストックホルム支局長を歴任した国際的視野の持ち主。司会のアナウンサーがまた局を代表する顔ぶれで、和田信賢、高橋圭三、八木治郎、鈴木健二。

「二十の扉」は、隠された答えを二十回の質問を繰り返しながら当てる。回答者は女優の柴田早苗、作詞家の藤浦洸、探偵小説家の大下宇陀児《うだる》、それに父の幼馴染の宮田重雄。これも前に少し触れた。

渡辺紳一郎と藤浦洸はテレビ草創期の人気番組「私の秘密」でレギュラー回答者を務め、高橋圭三はこの番組の司会に回ったため「話の泉」から離れるもスターアナの地位を不動にする。

事実は小説より奇なりと申しまして……。

さて「三つの鎖」である。ＡＫ＝東京の番組に負けてはいられないと英知を集め、満を持しての放送だった。連想を柱とした知的志向、この点では「話の泉」「二十の扉」と同工異曲だが、米国のアイデア拝借ではなくＣＫの創案というのがミソ。名古屋タイムズ、新東海、東海毎日、中部日本新聞が紹介記事を載せているから、ローカル制作とはいえ肝煎りで話題性たっぷり。出演メンバーの一人だった東海毎日新聞の報道部長、富岡昭のそれを用い内容を詳述する。身内にしても写真付き九段の、大々的な扱いだ。

司会者が聴取者から寄せられた〝お題〟を示す。回答者は連想できる言葉を繋いでいく。五つないし七つ進んだところで司会者、もしくは会場の客がストップをかける。当たり前だが〝お題〟と、ストップがかかった言葉に直接の結びつきは無い。回答者は両方の言葉を三十秒以内に関連付ける役目も負う。つまりオチを探さなければならない。洒落たオチなら合格の鐘が鳴る。

具体的には——如何にも時代なのだが、早場米という〝お題〟が出たとする。さまざまな連想ができるが神嘗祭も例。二十二年までは戦前の名残り、以後は勤労感謝の日で祝日だ。それで国旗と続く。日の丸は弁当や梅干し入りのおにぎりだからサルカニ合戦。この昔ばなしは、早く芽を出せ柿の種で、柿。俳句に繋がって正岡子規の柿食えば——が導かれ、彼の俳人は日本野球の生みの親。

ここでストップの声。

早場米が野球に跳んだわけだが共通点は……コメも走者も早く届いた方が喜ばれる。

客が仕込みでない限りどこでストップになるか誰にも読めず、八百長、今風に言えばヤラセが通用しないし、過剰演出も有り得なかっただろう。尤も、苦し紛れのこじつけの方が受け客席は爆笑の渦だったという。

出演は父と富岡のほか、朝日新聞記者の渡辺綱雄、上野音楽学校邦楽出身の加藤ミチ子。


舞台活動を継続しながらも父は、ラジオの仕事にフル回転だった。

二十五年十一月「三四郎日記」が始まる。東京から赴任してきた須田というアナウンサーを新人記者に見立て、エリア内の名所、風俗、習慣、政治などをルポする。主人公の記者を椎池三四郎と名付け番組のタイトルとした。

三四郎が東京で母と別れを惜しむ場面が第一回、汽車の中で東京から名古屋に戻る兄妹と知り合うのが第二回。ここまでの台本を岡戸武平が書き、ＣＫに近い下宿で荷を解くところから父と岡戸が交互に執筆となる。我が家に残る序盤の台本を読むと、三四郎は東山動物園に遊び、大曾根界隈にも出没して名古屋の生活を楽しむようになる。脇役陣は、誕生の動きが出始めたＣＫ劇団の面々。

放送は、毎週土曜日の午後六時半から四十五分まで。たかだか十五分枠とはいえＮＨＫはＣＭがない。半ドンの夕食時でもあり、各家庭で聴かれていたに違いなく実際、内容の充実を図ろうとすれば脚本が二人では手が回らず、途中から牧野不二夫が加わり三人態勢になった。


小島政二郎は父を、江戸音楽などに対して一流の耳を持っていたと褒め称えた。文章はこんな風に続く。
●……だからＮＨＫの解説者として長い間調法がられていた。

「俗曲玉手箱」との掛け持ちになったのは、二十六年七月。小唄、端唄などを聴かせて自身の感想や解説も加える。ＤＪの走りにあたるがレコードではなく、東海三県の師匠連中がスタジオで実際に三味線を弾いて唄った。

ＤＪといえば昭和三十九年、東京の文化放送が土居まさるを起用し「真夜中のリクエストコーナー」で深夜放送に先鞭をつけてから雨後のタケノコ。名古屋でも東海ラジオが、天チンこと天野鎮雄らを起用、三人のタレントが曜日ごとにが生でマイクを握る「ミッドナイト東海」は受験生や深夜便のトラック運転手らにもてはやされたが、「俗曲玉手箱」は、録音とはいえ春日派や田村派、地元の錦派、鵜飼派の主力が交互にスタジオ入りし市丸、勝太郎をも意識したというから、芸どころの面目躍如である。

中部経済新聞に頼まれ、父がこんな一文を寄せている。三十年一月三日付。

●……「俗曲について大変おくわしいですナ。いつの間に勉強なすった」などと質問される。どう致しまして……。それはまア、わが家が古い料理屋だったので、生まれたときから三味線を聴いて育ったおかげで、多少はその道にくわしいとはいえ、どんな唄でも知っている訳ではない。となると参考書にたよることになるが、これが〝小唄全集〟〝小唄手引草〟なんてものから引用したら大失敗。聴いている方でも、こうした参考書を読んでいる人があるんだから「何んだあの本に書いてあったじゃないか」ということになる。ところが、案外抜けみちはあるもので〝大言海〟〝百科事典〟などにこれらの註釈が相当くわしく出ているので大いに助かる。

カラオケブームは遥か先。藤山一郎、ディック・ミネを口ずさむに等しく小唄くらいはサラリーマンでも趣味、心得の一つであった。

CKと専属契約を結んだのは「俗曲玉手箱」がきっかけだろう。邦楽に関してだけの約束事だが、ラジオ、テレビとも民放に出演する場合は律儀なことに、どんなジャンルであれ一応の断りを入れていた。

小学校三、四年生だった息子も幾度か録音に付き合わされた。小唄の収録など面白くもなんともない、だけでなくテープが回っているうちは咳一つ許されないのだから苦痛だったが、局舎が名古屋城の外堀——今の中区丸の内に建っていて納屋橋からは徒歩で堀川を遡り十数分。帰りに資生堂という喫茶店でホットドッグを食べるのが楽しみだった。あの資生堂パーラーとは別の、個人経営の喫茶店。四十六年、私が名古屋タイムズに入った時は未だ残っており懐かしさを覚えたが、いつのまにか姿を消した。

民放の話題へ。我が国第一号の中部日本放送＝ＣＢＣが開局したのは二十六年九月一日。金を払うのはスポンサーだから聴取者は受信料が不要、よって謳い文句が〝無料で聴ける楽しいラジオ〟だ。ＮＨＫとの硬軟の対比が面白い。

三十年五月二十二日付の朝日新聞が「日曜特集」欄に父と春日とよ寿の談話をまとめた〝俗曲放送の裏ばなし〟を載せている。前の月、ＣＢＣが小唄番組「私の部屋」をスタートさせ、とよ寿が唄、三味線、司会進行の三役を受け持っていたのだ。

とよ寿が打ち明ける。

●……小唄の放送も昔から思えば大分楽になりました。終戦前は「ぬれてしっぽり」「二人が中の置ごたつ」「一人寝のさびしさ」という文句もダメだと、肝腎のところを切られ〝急所なし〟の放送をさせられたものですが、今はそんなことはありません。

対して父。

●……俗曲は今の流行歌から思えば、うんとふざけていて面白味があるのですが、何しろ色っぽい廓ものがあるので解説がしにくく、放送が出来なくてやめてしまうものがあり残念です。〝五万石でも岡崎様は……〟の替歌で〝品川女郎衆を四文銭とはよくいうた、裏を返せば波がある〟なども、四文銭というのは寛永銭のことで裏に波の模様がある。それにもじって即ち、初会はあっさりでも……裏を返せば波がある。つまり腰を使い……これでは放送課長からたちまち首切りの宣告を申し渡されてしまう。

端唄の〝いさましや〟なども〝勇しや枕に響く太鼓の音、一寸手を取り腹櫓、四十八手をとりつくし、エ、もし場所があるではないかいナ〟という唄の意味をよく味ったらてんでいけません。

喩え方が違うのは、男と女でもあり、やむを得まいが、天下の朝日も粋なのか、俗なのか。

ＤＪだから、喋りの要素も重きをなした。それぞれの苦労は容易に察せられるが、ともに持ち味を出す努力は怠らなかった。
同じ朝日新聞の「日曜特集」で、とよ寿が次のように語る。
●……大体一分半しゃべって、その間にうたを入れていく仕組みですが、杓子定規でいくとなかなか味が出てきません。半月も前からテストはしますがここでこうして……ときちんと決めてしまってはニュアンスがなくなります。何より小うたの放送らしい独特の味を出すのに苦労します。

父も似た捉え方をしている。
●……放送の時間は二十分ですが、俗曲はうたう方も気分の問題ですので、うまい人になるとテストより本番で気分が乗って時間がなくなり、せっかく名解説のつもりで用意したものを飛ばしたり、また反対に下手な人になるほど予定以上に時間が余ってしまって、解説原稿だけでは持たず、とっさに何かつなぎの解説を入れて時間をうめるなど聴取者に解らぬ苦労もあります。

父に若干のゆとりがあったのは、築地小劇場の舞台を踏んだ経験がものを言ったのかも知れぬ。以前、自慢げに言ったことがある。

「CKでは、お父ちゃんのことを寺田節と呼んでいるそうだぞ。小西節ってのがあるだろう。あれの名古屋版だな」

なんとぉ、申しましょうかぁ……の小西得郎である。

本当かどうかは甚だ怪しいし世辞でもあろうが〝間〟を大切にし、ゆっくりした口調を心掛けていたことは事実。亡くなる三か月前、財界関係者らのボランティア団体「名古屋キワニスクラブ」で講演した際のテーマも〝間〟だった。ひょっとすると徳川夢声の影響か。父とは文学座や「いとう句会」で行動を共にした夢声だが代表作の一つにラジオ朗読「宮本武蔵」がある。昭和十四年に始まり、十八年からレギュラー枠となった。活動写真の弁士出身だけあって夢声の朗読は〝間〟に定評、一分間に及ぶ沈黙……もはや伝説だ。今どきのラジオで、かような喋りは許されない。十五秒も無言だったらリスナーに故障と勘違いされ即、始末書。

話術の大御所が久々に来名したのは三十年の秋。中部日本新聞が早速、夕刊で「徳川夢声芸能放談」を企画した。聞き手は、東郷冷水の名で活弁の陣を張ったのち映画会社の第一線に転じた吉田利三と父。

本人によると、初めて名古屋を訪れたのは昭和五年、西区南外堀町の八重垣劇場の柿落としで「野鴨」を任されたという。今は中区丸の内に地名が変わっているが、のちに名古屋タイムズが移転。当時はＣＫも近所。夢声は前振りとして活動写真の裏話を持ち出す。「モロッコ」で命を取られた、と。オール・トーキーが輸入され、初の字幕付き。日本人の識字率の高さを計算した配給会社の読みが、弁士たちの古いセンスを上回ったのだ。

そしてラジオの喋りという本論へ。

●……自分の放送は自分向きにアレンジする。そのかわりに全責任を負う。私のものをきいてくれるうちではラジオの聴衆がいちばん張り合いがある。一定水準を仮定して話もできるし、数も多い。

テレビはまだ消化できてない。即興的なものだけだ。第一、かんじんな芸をカメラが追っていない。手で芝居をしているとき顔をアップで撮ったり。

父が質問する。落語のシャレなど最近は少なくなったが、もっとあっていいですね。やはりラジオで聴くだけじゃダメでしょう。

●……ラジオできく落語を本場の寄席できこうとしない。

昨今のテレビ業界にも、そのまま通用する課題だ。例えば劇場中継、せっかく脇が良い芝居をしているにも関わらず主役に寄ってしまう。お笑いはもっと顕著。よく言われることだが芸の無い芸人が跋扈する。六十五年前より衰退した原因は〝間〟の無さも一因だろう。単純に喋るだけではテンポも生まれない。

NHK 名古屋での表彰式

一連の功績が評価されて昭和三十三年三月二十二日、CKから父に感謝状が贈られた。

《長年にわたりNHK放送事業のため献身的な努力をはらわれ放送番組の充実改善に貢献せられ顕著な成果をあげられました》

名古屋放送局放送功労賞とあり、局長、高野新の名が付されている。副賞は、まだ珍しかったトランジスタラジオ。今に比べれば大きな受信機だったが、音が鮮明で長持ちした貴重品に違いはない。

三月二十二日は、NHKの放送記念日だ。大正十四年のこの日、東京都港区芝浦の仮放送所から最初の電波が発せられたことに因むが、記念日に制定されたのは昭和十八年。

感謝状を贈られた三十三年、東京採用の女子アナが初めてCKに赴任した。長嶋茂雄と同期、立教大卒の野際陽子である。翌年が下重暁子だったが、それぞれ女優、物書きと、志望通りの道へ進んだ。また、東大を卒業し野際とともに入局したのが小中陽太郎。彼もCKでディレクターを務め、東京に異動後「夢であいましょう」ほかを担当するが、三十九年に退職。フリーになってからの活躍は言うまでもなかろう。

夢声の朗読の「宮本武蔵」となれば、もう一度、杉本健吉の出番。吉川英治の新聞連載小説で一躍、知られる存在になったが、栄一の死後、十五年が過ぎた六十二年、愛知県知多郡美浜町に「杉本美術館」が完工し、売らずにあった五千点が所蔵された。私も見覚えがある杉本作品は東大寺だっただろうか。杉村春子が譲り受けた同じものか、もしくは、どこかの美術館で目にしたか、いや、我が家に有ったものを父が生前に返却し、美浜に埋もれているとしたら、コンピューターで管理されていても探し出すのは藁の中の針一本。第一、その美術館も閉館、詮無いことではある。

宮田重雄も新聞小説の挿絵を盛んに描いた時期がある。獅子文六の「てんやわんや」また「自由学校」だ。前者は二十三年から二十四年にかけて毎日新聞、後者は二十三年の朝日新聞。獅子文六は劇作家としての名が岩田豊雄で文学座の創立者の一人だから、宮田とも父とも馴染みの深い人であった。

脱線するが、獅子てんや・瀬戸わんやという正統派〝しゃべくり漫才〟のコンビが人気だった。「てんやわんや」が瀬戸内を舞台にした小説のため芸名にしたのだが、無断拝借。文六が怒っていると聞き付けた二人が後日、謝りに赴いたという。

東京に転居した宮田が、故郷の民放ＣＢＣラジオで一時、人生相談を受け持ったことがある。同局のアナウンサーとして活躍、ばかりか新人アナの教育にも力を注いだＯＧについ最近、教えられた。

「宮田さんが録音のためＣＢＣへ来られると、お父さんがいつもスタジオの隅で見守っていらしたのよ」

定宿は我が家のすぐ裏手。食事は父と外で済ませてもウチに泊まれば良いものを。何しろ昔は料亭だ、部屋数は充分にあるじゃないかと子供心に疑問を覚えていたが、我々家族に遠慮が働いたのかも知れない。

十年近くが過ぎて、その息子が宮田の世話になる。

昭和四十一年、大学受験に失敗し予備校に通うため上京。宮田の斡旋で杉並区の西荻北にアパート住まい。宮田家は吉祥寺東町。で、仕送りが底を尽くと晩飯を馳走してもらうため国電中央線の一区を歩くことになる。やがて自転車も借りたが大学二年の夏に学園紛争が勃発。三幕二場で書いたように、演出していた岸田國士の「驟雨」を全共闘に妨害され、結句、ストとロックアウトで十か月間、キャンパスに入れず、名古屋へ帰りアルバイト生活。途中、早大へ進んだ高校の同級生に誘われ高田馬場へと引っ越して隣り合わせの部屋になったため、吉祥寺からは足が遠のいてしまった。

私より少し前、宮田家へ折々、通っていた学生がいる。姓を後藤という。

宮田重雄が北支に出征していた話は、二幕八場に記した。慶応の医学部を卒業の軍医だから、当番兵が付き、彼が後藤賢一。岐阜・長良橋の袂の名店「うを鉄」の主人。丹羽文雄が出世作「鮎」を書いたのが「うを鉄」だ。

件の学生が実は当番兵の息子だが、残念ながら会ったことは無い。

宮田家の夕食など、通いで雑用をこなしていた五十がらみの女中。息子が柳家小きんと名乗る噺家と訊いた。五代目小さんの弟子で二つ目。落語に集中させようと母親が働いていたのかもしれぬ。

真打に昇進した小きんは名を変えた筈だが、その後、どんな高座を務めたのか。夢声や父の期待に応える噺を掛けるまでになっただろうか。放送での活躍は……大学を卒業して名タイに入社し、気にしながらも知らぬままだった芸能記者は、まことに不誠実、不勉強と恥じ入るほかない。

宮田の夫人、節子と三年ぶりに会ったのは四十六年五月。名タイに入った年だ。吉祥寺の自宅で営まれた宮田の見送りである。愛知県がんセンターに入院中の父、栄一の代理も兼ねての参列だった。

翌年の四月、今度は栄一の葬儀に節子が駆け付けたが以降、宮田家には礼を失したままでいる。

父と終生の友であったにも関わらず、息子が相続した宮田の遺作は、俳画の色紙が僅か一枚の申し訳なさ……。描かれているのは山茶花と息子は思い込んでいたが、もしかしたら冬椿かもしれない。だとすれば、たった一枚とはいえ父が遺した理由が腑に落ちる。理由は後ほど。

宿墨の洗ひのこりし初硯　　重亭

父もＣＢＣへの貢献度は大だ。番組出演や企画へのアドバイスもさることながら、ＣＢＣクラブ創立に向けての尽力である。

〝文化の発展と向上に寄与することが放送の使命〟と仰々しい謳い文句により昭和三十二年九月、立ち上げられたのがＣＢＣクラブである。

開局当初の民間放送なんぞ海の物とも山の物とも、だ。企業として儲かるのか、第一、継続できるのか疑心暗鬼。そこで、ＣＢＣは実に文化的な報道機関ですよと、世間にアピールする企業広報、有体に言えば広告塔が必要になった。

財界の大物、佐々部晩穂《くれお》が社長に就き、しかし、各企業からは窓際族しか派遣されてこない。新聞社にしたところで、一線級の記者を出向させるはずはなく、文化人を集めるにしても方策が無い。社長室長、国枝忠雄に懇願され、人集めに奔走したひとりが父だったと、局の古い関係者から聞いたことがある。

父が創立期からの会員だったのはいうまでもない。ちなみに国枝は、私が名タイで放送局担当記者になって直ぐのＣＢＣ社長。定例会見などで顔を合わせることになる。

三十五年一月、会員と名妓連の対抗のど自慢が、ラジオ七局ネットで放送された。資料によると《能の高安流ワキ方宗家、高安滋郎氏が「チャンチキおけさ」を歌って八十三点、芸能評論家の寺田栄一氏が「鉄道唱歌」で八十四点》とあり、詰襟、制帽の父の写真が残っている。

せめて「さのさ」か「木遣り」ではと息子は苦笑するしかないが、所謂、流行歌に無頓着な父である。公の場での十八番は、♬汽笛一声……だった。

それでも名妓連の出演とは、昨今の番組に比べれば粋だし、初春に相応しい内容だったと褒めておくべきだ。

【幕間】

マウンドに立つのは中日のエース、杉下茂。バッターボックスには巨人の藤尾茂が入っている。

昭和三十年六月七日。東京・後楽園球場。

杉下が投じたシュートは内角を鋭く抉り、藤尾の股間を直撃。NHKの実況アナウンサー、志村正順が叫ぶ。

「こともあろうに藤尾のキ……」続ければ放送禁止用語。窮地を救ったのは解説の小西得郎だ。

「なんとぉ、申しましょうかぁ、藤尾君の今の痛さは、ご婦人方には絶対に分からない痛さであります」

夜。小西宅に小泉信三から電話が入った。

「NHKの放送史に残る名解説でしたね」

小泉は慶応義塾長、そして、平成天皇の皇太子時代には教育係をも務めた経済学者である。

ことほど左様に小西の人脈は広い。松竹の創業者、大谷竹次郎や六代目菊五郎ら歌舞伎役者との親交は戦後、松竹ロビンスの監督に就任したことでも明らかだが、昭和十四、五年には中日ドラゴンズの前身、名古屋軍でも采配を振るった経験を持つ。粋な江戸っ子のイメージは実際、神楽坂で置屋の主を務めた時期があった所為か。

似ているようで正反対なのが、寺田栄一だ。小西は新橋や銀座の闇市で稼ぎ、阿片の密売に手を染めたとも伝えられる。翻って名古屋の栄さまは闇物資を嫌い「得月楼」を畳んでしまった。二人に直接の繋がりはあるまい。精々、ニアミス程度だったのではないか。

もう一つ、理由を上げる。父の運動神経は恐ろしく鈍かった。前に記したが母、きぬは高女でバレーボールの選手。全国制覇も成し遂げた。納屋町の家は元料亭だけに和風とはいえ猫の額どころの庭ではなく、私の中学時代だったかパスで遊んだ時のこと。私が母にボールを送り、母が上げたボールは大きく弧を描いて落下し、父の両手をすり抜けてなんとヘディング。

藤尾の急所へのデッドボールから二十六年後。同じ後楽園球場。中日ドラゴンズの星野仙一が対巨人戦で完封に挑み、あと少しに漕ぎ着けた七回裏二死二塁。宇野勝がショートフライをおでこに当て一点を献上。これを機にテレビでは珍プレー特集の番組が始まった。でも、父の方が先輩だし、第一、ボールの大きさが違う。そんな家庭だから、普通の父子のようにキャッチボールはおろか、栃若ブーム真っ只中にも関わらず相撲を取った想い出さえ、息子には無い。

無いけれど、むしろそれで良かったと息子は思っている。小山内薫の亡きあと、アカ華族と呼ばれた土方輿志から離れ久保田万太郎に師事。しかもスポーツが全く駄目。死ぬまでストライクとストライキの別を知らなかった。勝負事じたいに興味を持たない人生を生きたのだ。博打に手を出していたら「得月楼」の身代は哲二より受け継いで早々、人手に渡っていただろう。

【四幕　二場】

スターの貧困をかこつ、日本映画に新しい息吹を——名古屋タイムズと新東宝が提携、第一回ニューフェイスの募集を行ったのは昭和二十六年七月。東海地方では《名タイ・スターレット》の呼称だが、映画会社側は《新東宝スターレット》と言った。それぞれのメンツ、看板の問題だからどちらでも構わないが新東宝は東京、大阪、九州、北海道の計五か所でオーディションを行っており、正しくは後者だろう。

名古屋の応募者は千六百人余り。一次、二次審査を通過した五十人が第三次の面接に臨んだ。二十六日、この最終選考を父と西川鯉三郎、杉本健吉らが務めている。新東宝からは阿部豊監督、三村明カメラマン、演技部を代表して香川京子。

翌日の名タイは〝にっこり「スター誕生」〟の大見出し。選ばれたのは、愛知県立明和高校から同県立女子短大に進み英文科一年に在学中の森田純代、京都市立平安女学院出身の岡崎清子、男性は東邦商業専門学校を卒業して松竹に入りながら二年間、大部屋以下の仕出しでくすぶっていた臼井登。しかし粒ぞろいだったのか三人の選出は異例とある。

合格のご褒美は、端役だが川端康成の原作による「温泉宿」（仮題）への出演。監督は成瀬巳喜男。名古屋での大ロケーションも予定されていた……。

全国各地の同期生は左幸子、高島忠夫、久保菜穂子、三原葉子ら。新東宝の養成所で三か月間の訓練を受け、文学座か俳優座の研究所に同じく三か月学びデビュー。いずれも銀幕を飾る存在に成長した。

シンデレラガールの森田純代は、身長五尺二寸。当時でも長身と言えぬが高校時代、国体の女子ダイビングに出場しただけあって水着姿が似合い、脚線美が抜群。けれど、親にも学校にも内緒で応募したため当選に泡を食ったそうだ。

注目すべきは臼井登だ。旗本・水野次郎左衛門の子孫。爽やかな美青年は新東宝でも三年近く芽が出なかったが二十九年、ようやく脚光を浴びる。中日ドラゴンズがセ・リーグを制覇、勢いに乗って西鉄ライオンズを四勝三敗で破り初の日本一に輝いた年だ。監督が天知俊一、最高殊勲選手が杉下茂。ドラファンの臼井は双方から二文字、一文字を頂戴、芸名にした。初の主演作は「恐怖のカービン銃」。スターレットが縁で、のちに森田と結婚する。

天知茂と父が個人的に付き合うことは無かったと思う。そんな前提で話を進めるのだが、不思議な因縁は天知の代名詞にもなった、明智小五郎役である。

天知が初めて、この名探偵を演じたのは昭和四十三年。美輪明宏、当時は丸山明宏主演の舞台「黒蜥蜴」だった。脚本を書いた三島由紀夫が新東宝の「東海道四谷怪談」で民谷伊右衛門に扮した天知に着目、丸山の相手役に抜擢した。

唐突だが——昭和二十九年、名古屋演劇ペンクラブの招きで、市川壽海が来名した。養子に迎えた市川雷蔵を名古屋でも御披露目の狙い。事実、雷蔵は八月、大映から「花の白虎隊」でデビューする。ただ、ここで雷蔵を持ち出したのは、天知との対比だ。四十年、「眠狂四郎　無頼剣」で狂四郎の敵役を務めた天知は演技を認められ、また雷蔵をして「どちらが主役だか分からない」と言わしめたほど。原作者の柴田錬三郎も絶賛したと伝えられる。

雷蔵は三十年、「新・平家物語」で開眼し、一気にスター街道を突っ走る。大映では、勝新太郎と雷蔵を白塗りの二枚看板で売り出したが、雷蔵が一歩も二歩もリードしていたことは否めない。

三十七年、島崎藤村の「破戒」が雷蔵で映画化され、たまたま原作を読んだ直後とあって中学二年の私は初めて、小遣いをはたいて封切館に駆けつけたのだが、映像は原作を越えられないと、生意気な感想を抱いたのだった。三十三年に三島の「金閣寺」が表題を「炎上」と改め高い評価を受けていたこと、「破戒」も同様に巨匠、市川崑がメガホンを取り、脚本が妻の和田夏十とは知る由も無かったのだ。そして——

付け加えれば雷蔵は、母のジャニーズであった。

五十二年、テレビ朝日が「江戸川乱歩の美女シリーズ」に天知を起用すると、明智小五郎はニヒルな天知以外に考えられないキャラクターになっていく。三島の眼力は伊達でなかった。

父が乱歩と親しかったことは以前にも述べた。また、新東宝の「温泉宿」を書いた川端康成とも、しばしば京都、奈良へ旅行に出掛けていた。

川端と師弟の関係にあったのが三島だ。文学座の創作劇を多く手掛け、三十八年、「喜びの琴」の上演をめぐり劇団が分裂、中村伸郎、賀原夏子らが退座してＮＬＴを結成すると、三島は座付作者に収まった。ネオ・リタレイチャー・シアターは、新文学座。けれど三島、中村らは、ここも脱退し浪漫劇場を立ち上げる。

「喜びの琴」は文学座のみならず、日本の新劇界にとっても大きな事件だった。

芥川龍之介の長男で、演出家、俳優でもあった芥川比呂志をはじめ、岸田今日子、仲谷昇ら中堅俳優が大量に抜けて、劇団雲へ。したがって再度、文学座の結束を固めようと三島が書き下ろした作品は、反共主義を貫く若い公安巡査が信じていた上司に裏切られた悲劇、そう解釈も成り立つが、列車の脱線事故が背景に描かれ、松川事件を連想させた。折しも国労関係者二十人全員に無罪判決が下った直後だ。共産党を支持する北村和夫が、この上司役は

三島由紀夫の「鰯売恋曳網」本読みと義太夫の節付け
左から３人目が三島、その右が久保田万太郎、その右が栄一
昭和 29 年秋　名古屋丸栄ホテル
上演は 11 月　東京　歌舞伎座　演出　久保田

とても演じられないと泣いて訴えたのである。

「喜びの琴」は上演延期、さらに中止となった。

最後に父が応援したのは、浪漫劇場だが、三島の主義主張に同調したわけではないと息子は思う。明治時代の末期に生まれ軍国教育で育った世間知らずは、思想、信条よりも築地小劇場以来の芝居と句仲間だった中村に同調しただけだろう。

色々な縁が絡む、父と三島と明智小五郎ではある。


二十年代から三十年代へ。テレビが普及するまで、いや、ある程度に受像機が行き渡っても知性や教養ある人々には電気紙芝居と馬鹿にされた頃、本物を求めるファンは映画館に足を運んだ。そして、これまた現在と違うのは映画会社が演劇、文学などに携わる人々を試写に招き座談会を開いていたことである。新聞や雑誌も積極的に批評や感想を掲載しており、父もしばしば駆り出された。

ジェームス・スチュアート「フィラデルフィア物語」ジャン・ピエール・オーモン、アナベラ「北ホテル」ノエル・ロックベール「幸福の設計」ミッシェル・モルガン「田園交響楽」モーリス・シュバリエ「王様」

フランス映画が全盛の時代ではあったけれど「アメリカ映画の楽しさ」と題してハリウッドのそれも取り上げる欄があったのはＧＨＱの意向か。息子の私たちが熱を上げたウエスタンブームは幾分、先になる。

邦画では——京マチ子「春琴物語」原節子「誘惑」田中絹代「女優須磨子の恋」ほか……。

洒落た企画は、小暮実千代の「明治一代女」を名妓連の綺麗どころに観せての座談会。父が司会を務めている。最近のメディアではあまり聞かない。

映画評論が本業の伊藤紫英を除くと他の顔ぶれは、岡戸武平、中曾根良一、中川竜一。中曾根は本来、ＮＨＫの職員だったから映画だけでなくテレビ評にも進出、Ｎ響などに関する書き物も少なくない。ファッションデザイナーの小沢喜美子ら全く異ジャンルの著名人が参加しているのは、箔付けでもあろう。

断るまでもなく、映画は父の守備範囲ではない。監督の権限が強く、演技も、歌舞伎や新劇のように鍛えられた力量よりカメラを通して俳優の〝素〟を活かす撮り方もある。舞台とは別物と捉えていいがドラマという点では通ずる部分があり、父は「演劇的な味」といった評価を下してもいた。

【四幕　三場】

泉鏡花いちばんの傑作に挙げられるのが「歌行燈」だ。明治四十二年、三重県桑名市の船津屋に投宿した際に想を得、作中には「湊屋」で登場する。

桑名の一市民の願いに端を発し、船津屋に歌行燈の碑を建てると決まったのは昭和三十年。「船津屋」の当主、岩間家の養女、かよが、名古屋の名門「河文」の林家に嫁いでいた関りから鏡花の弟子だった久保田万太郎に話が持ち込まれ、父が加わって彼の地を訪ねたのが六月八日。同市に在住の辰野九紫、かよの四人が新聞各社のカメラに収まった。朝日、毎日、中部日本新聞、名タイ、それに地元の伊勢新聞。父にとっても思い入れの深い話だから、やや具体的に解説する。

昭和十四年二月、東宝で「歌行燈」の映画化が企てられた。その時、まず久保田に戯曲を依頼し、それを元に改めて誰かにシナリオを……という流れ。早速、久保田は舞台装置家の伊藤熹朔と一緒に船津屋へ向かい、父が案内役を買って出た。船津屋に泊まり込んだ久保田が三か月がかりで戯曲を書き上げ、鏡花に見せたのが師弟の最後の対面。鏡花が逝ったのは九月である。

初演は、翌十五年七月の明治座。新生新派で花柳章太郎の恩地喜多八、森赫子のお三重。演出は当然、久保田である。
映画は約二年半おくれて十八年二月。結局、脚本は久保田に任され、成瀬巳喜男のメガホンで桑名ロケも行われた。章太郎の喜多八は新派と同じだが、山田五十鈴がお袖役で出演している。

船津屋の句碑完成の園遊会　右端：久保田　その後ろ：辰野九紫　中央：喜多村緑郎　その左：初代水谷八重子　前列左端：栄一　その後ろ：殿島蒼人

さて、記念碑だ。
「歌行燈」の一章。揖斐の川口、白帆の船……湊屋の描写に次ぎ、時々、かわうそが崖裏の石垣から這い込んで板廊下や厠に点いた燈を消して悪戯をするが、月の良い晩には庭で鉢叩きをして見せる。
久保田の注文で杉本健吉が碑を象り、久保田の句が刻まれた。

獺に燈をぬすまれて明易き

島崎藤村が愛用した机にも触れておく。

「破戒」「春」「家」など文学史上に残る幾多の名作を完成させた机は明治三十八年、藤村が信州小諸義塾の教師を辞めて上京するにあたり同僚、生徒たちが餞別に贈った品だ。藤村は机を馬の背に積み、手を振って別れを惜しんだという。

その後、藤村がフランスに渡った大正二年、籾山書店主で俳人の籾山梓月が貰い受け、十年後、関東大震災を機に日暮里へ引っ越した久保田に譲られた。そして昭和三十一年九月、久保田が藤村の長男、楠雄に返す約束をしたのである。

約束の実現は五年が過ぎて、三十六年七月五日。

机の里帰りは久保田の快気祝いを兼ねていた。五月に胃潰瘍の手術を受け、順調に回復しつつある久保田に命じられた父は、毎日新聞中部本社の編集局長、狩野近雄と社用車に乗り込み藤村記念館へ赴いた。小山内薫を介し自身も付き合いのあった藤村とくれば否やは無い。簡素とはいえ松の一枚板で作られている机を運ぶには新聞社の協力が必要だが特ダネである。狩野も労を厭わず、別途、小型トラックが後を追う。

毎日新聞の依頼で栄一がその模様をまとめたのは帰名後の八日付「東海散歩～机の裏ばなし」。左記が、さわりだ。

●……楠雄さんのお宅を訪れると、ご主人は四方木屋《よもぎや》の方でお待ちになっているとのこと。

谿をへだてた向こう側に楠雄氏が始めた旅館だ。佐藤春夫の書を掛けた玄関に佇と楠雄氏が出て来られ二階の一ト間へ通される。

藤村先生の話、馬籠の話などを交わしているうち、机を乗せたトラックが到着。荷ほどきの様子をさすがに楠雄氏はうれしそうに見つめていられる。しばしして机をぼくが担ぎ、明治二十八年の大火にただ一つだけ焼け残ったという本陣の隠居所に運んで、一同、写真を……冠木門の前でもう一枚撮る。

墨は薄らいでいても、板の裏の添え書きすら文学だ。

小諸義塾の同僚、広岡不自棄生が藤村に宛てて。
あづまなる都の空は遠けれど近津の森にこゝろとゞめよ
藤村から梓月へ。
春雨はいたくなふりそ旅人の道ゆきころもぬれもこそすれ
日暮里の久保田へ梓月から。
春寒や机の下の置炬燵

馬籠藤村館　前列右から：宮田重雄、島崎楠雄、栄一

【四幕　四場】

予兆……であったか。芸どころ名古屋をシンボライズする御園座が火災に見舞われたのは、昭和三十六年二月二十七日の未明だ。戦災で焼失した後、二十二年に再建された芝居の殿堂。それも束の間だったことになる。

その日、早々と三人の談話を集め、毎日新聞が夕刊で報じた。

まず、西川鯉三郎。

「二十三日から仕事の過労でずっと、東京の家で寝たきりです。午前二時四十分ごろ、にわかに頭の中がゴーゴーいいだし、七転八倒の苦しみです。死ぬのかと、思わず庭に飛び出し気を鎮めました。ちょうど御園座の火事の最中だったのですね」

殿島蒼人。

「私にとってはテレビ塔や名古屋城より尊い存在だ」

そして、寺田栄一。

「御園座は本格的な劇場です。故吉右衛門丈は、そっくりそのまま東京に移したいと言っていたし、花柳章太郎丈は、大道具の製作では日本一だと讃えていました。西川流にしてもあの小屋があったればこそ大成したといっても過言ではありません」

もう一度、立派なものをと三人はそれぞれ口を揃え、更に栄一は言葉を繋ぐ。

「座席をきらびやかにするより、専門家の意見を聞いてモスクワ芸術座も意識し、またオペラなど上演できるようにして欲しい。回り舞台も蛇の目回しを考えたらどうか。都合が付けば旧アメリカ村の方に引っ越すのもいい」

蛇の目回しとは二重の回り舞台で、内側の盆が左回りすれば外側の輪は右回りする造りを指す。

進駐軍の兵舎が建ち並んでいたアメリカ村は現在、名古屋市美術館などがある白川公園。行政次第では、芸術文化の香りに満ちたエリアが生まれたことになる。

歴史を誇る芝居小屋が、貸しオフィスをも備えた御園座会館と名を改め、新しいスタートを切ったのは三十八年九月一日。だが、この建物も今は姿を消し、平成三十年四月、劇場の上に高々とマンションを積み上げげた御園座タワーが落成、それなりに名古屋名物にはなった。

大正二年に鉄製の納屋橋を造り上げた、栗田組の棟梁のひ孫で、日本舞踊の師匠、花柳朱実らが「御園座を盛り上げ隊　勝手連」を組織するなど、精力的な応援を展開してはいるものの現状、経営は厳しいと訊く。

予兆、と記した。御園座の火事は、父にとっても不運を告げるものだったと言えよう。

御園座会館が完工まぢかの三十八年五月六日、師の久保田万太郎が突然、逝った。東京都新宿区加賀町の梅原龍三郎邸で開かれた会合に出席した久保田は、取り寄せの寿司を前に一瞬、躊躇する。噛みにくい赤貝は普段、敬遠していたが残せば失礼にあたる。悪い予感は往々にして的中するものだ。喉に詰まらせ、だが、騒ぎにならぬようこっそり席を外し、トイレに急ぐ廊下で倒れ信濃町の慶応病院に運び込まれた時には心肺停止。午後六時二十五分、死亡が確認された。誤嚥による気管閉塞。

父が、二十八日付の中経「私のアルバム」欄に談話を寄せている。タイトルは〝久保田先生〟とだけ。

●……悲しくて毎日、酔っ払っては泣いている。四十年来絶えることなく続いた先生の温かい心遣いにもう触れることが出来ないのかと思うと、まるでガケから突き落されたような気がする。

久保田先生は名古屋に来ると、よく私の家に泊まられた。先生は一人では何もできず、うろうろになってしまう方なので、私はいつもそばについていた。先生はよく「影の形にそうごとく僕のそばにいて」といっていた。

父が涙声で、先生、どうして死んじゃったんですようと独りごちている姿が息子の頭に焼き付いている。高校に進み演劇部に籍を置いた立場で見れば、あまりにも芝居がかった様子に映ったからだ。

ところが今度は父自身が災いに巻き込まれる。同じ年、九月三十日付の名タイ。

●……寺田栄一さんの面立ちが最近、なんとなく細くなってきた。芸術評論家として、また食べ物評論家として名古屋では欠かすことのできなくなった存在であり、芝居は風流座の名題俳優、ねんげ句会同人と遊ぶことも加えて諸事多忙の過労であろうということになっていたが、急に涼しくなった今月のはじめからどうも尋常ではない。

「こりゃガンかな」と恐るおそる診てもらうと思いもかけぬ労咳の気味があるとわかり、今日三十日に国立八事療養所へ入院と決まった。いろいろ忙しかったが、久保田万太郎の急死で気落ちしたのが原因とは、いかにも栄ちゃんらしいと友人たちがお見舞いの計画を立てている。

そういえば父は、兵役に就いていない。おそらく日米開戦の前後に一応、徴兵検査は受けているものの結核の痕跡があって不合格の烙印を押された非国民である。ガンを疑う前に思い返せばよかったのだが、本人は寝ている間に鼻血が胃に流れ込んだと判断したらしい。ガンを信じたくなかったのが本音だろうか。

結核療養所は、終戦直後、キリスト教の精神を掲げて名古屋市昭和区に設立された聖霊病院の北隣りに在った。母は時折、身の回りのものを持って出掛けたが、息子は一度しか足を運ばなかった。私がそうだと驕っていた訳では無論ないけれど、才能ある若い芸術家が幾人も命を落とした死病、業病だ。ペニシリンやストレプトマイシンが普及しつつあっても、不治、それに近い意識が未だ根強く残っていた所為である。

そんな病室へ「得月楼」から独立した、あんこう鍋の「得仙」の主人が材料と調理道具一式を用意して訪れ、振る舞ってくれた。相部屋の患者が、生まれてこの方、こんな旨いものは食べたことがないといたく感激したそうな。超人気店のデリバリー、それも目の前で包丁を握った鍋だ。勝る贅沢はあるまい。

入院は約一年に及び、それとともに父の周辺は若干、変わった。長年かけて築いてきた寺田栄一の芝居や邦楽に関する知識、実績もブランクには勝てず、入院の直前まで携わっていた東海テレビ「小唄ごよみ」やＮＨＫテレビ「日本の芸能」の解説から離脱したままになったのである。それでも仕事に対する情熱は失っていなかったようで、三十九年五月二十五日付の名タイ「名古屋小路」欄に、こんな記事が出ている。芸能担当が見舞いがてら取材したのだろう。

●……療養のかいあってこのところすっかりよくなり、もう治ったようなもんですと元気のいいところをみせている。体調がよくなるとじっとしていられないとみえ、今月からは早くも仕事に着手、ＮＨＫラジオ第一の邦楽番組「風流歌草紙」の構成をやり、ぜひ聴いて下さいよとあちこちに宣伝している。こんど構成したのは〝伊勢路の旅〟と題したもので、伊勢音頭や桑名の歌行燈など、ローカル色を存分に出したもの。病後の初仕事、それも八か月ぶりの仕事であるだけに〝人間、やっぱり、仕事をしている時がいちばん楽しいですね〟といい、これからはまたバリバリやりますからよろしくといっている。

ただし、「風流歌草紙」は例外的な、あるいはＮＨＫに貢献してきたゆえの祝儀と言ってもよく、このころから以前に比べると放送の仕事が減ってきたのは事実である。特にテレビは視聴率優先の時流、数字に結び付かない日舞や邦楽は編成されなくなったのだ。

逆に、新聞は固定の読者が芸能欄を支えていたから寺田栄一は貴重な存在で、父を大事にしたのは、そうした守備範囲の原稿を書ける人材が名古屋に不足していた為だとも思う。新聞のインタビューに答える機会も変わらずあったようだ。

八事に越したのも放送から離れた一因かもしれぬ。大学受験が近い私は、四十年十一月三十日の朝、納屋町の家を出て登校、授業を終えて八事に向かい道に迷った挙句、何とか我が家へ辿り着く方向音痴ぶりを晒したが、新しい住まいが結核療養所と目と鼻の先だったのは縁としても著名なのは中京高校と興正寺だけ。田んぼや畑が点在し、道路の整備も充分に施されていない田舎であったのだ。市営地下鉄の鶴舞線が開通する遥か前。市バスか市電、俗に言うチンチン電車に乗らなかれば放送局のある名古屋の中心部には出られない。タクシーによる送迎は局の通常のサービスにせよ、スタジオ入りにかかる片道三十分ないし四十分は、病み上がりの体に相当な負担。打ち合わせからカメラリハーサル、本番と待ち時間も長い。四百字詰め原稿用紙を万年筆で埋め、疲れたら休む仕事とは訳が違う。

先立つこと七年。家族で下見し、納屋橋の近くに持っていた貸地を信じ難い安値で売り払い購入したのが八事の土地だった。金銭欲がまるきり無く、交渉事も苦手な父だ。出来るなら八事に百坪を望んでいたらしいが、往時、如何に周辺の地価が低かったとはいえ軍資金の不足は否めない。調達した額は目論見の六割にも届かず、そうなると後から購入するだろう人にも配慮せねばならぬ。道路から細い路地を無駄買いして奥の五十坪に二階家を建てる以外、選択肢はなかった。

下見の際、小学校四年生の息子は、坂の下に牧場が広がり牛がのっそりと歩き回って草を食む光景に驚きを禁じ得なかった。納屋町では到底、目にしたことがない。毎朝、搾った乳は名古屋牛乳株式会社に卸していたと聞かされて納得したが、結核療養所が在ったほど自然が豊かな環境も道理ではある。

引っ越しに関しては、中部日本新聞から紙名を変えた中日新聞や名タイなどが扱っているが、直前の二十七日付の毎日新聞「東海散歩」欄に父は〝納屋町を離れるの記〟を寄稿している。「得月楼」をはじめ子供時代の思い出を綴る一方、新しい住処に次のような期待を込めた一文だ。

●……新居は、わたしが好んで選んだ土地だけに、高台にあって見晴らしも日当たりもよく、せまくはあるが楽しく暮らせそうである。かてて加えて、近所には畏友、岡戸武平、中川竜一両君をはじめ知人もいるので心強い。

しかし、それはそれとして、わたしは、いつまでも〝納屋町とその界隈〟に強い執着を持って愛しつづけることであろう。

いまはなき、わが師、久保田万太郎先生が〝浅草〟に対して、そうであったように……。

隅田川をこよなく愛した久保田、父は堀川。日暮里に越した久保田が、田端の芥川龍之介と絶えず行き来していたのと似て、父と岡戸もしばしば互いを訪ねていた。距離は百メートルも離れていない。

中川は南山大学の教授、八事に学舎がある。

家の設計は、ねんげ句会の同人、黒川巳喜に委ねた。命じられて図面を引いたのは黒川建築事務所のスタッフだ。

都市計画による移転の為、名古屋市から二百三十五万円の補償金が支払われて建築費に充てたが、設計料は句仲間ゆえに酒代でいいと黒川が遠慮し、担当スタッフの小遣いといった按配で十万円を手渡した。黒川にすれば儲けの出る仕事ではなし、友情を大切にと考えたのだろう。息子の紀章だったら、0《ゼロ》を四つ足してもウサギ小屋なぞ。

昭和四十年十二月二十九日付の名タイ「名古屋小路」欄に、フランスの小噺のような記事が載っている。

●……住み慣れた都心生活を、ようようの思いで断ち切り、八事に移った随筆家の寺田栄一さん。よごれた堀川のにおいのついた空気にくらべたら山の方は、ひと息ごとに甘露の味がします。カラスもなくし、オナガが飛んでくる。いやもう心機一転ですと、すっかりごきげん。やがてひと月になるので「もうなれましたか」というと、「それがですよ、部屋を狭くしたので便利なんですが、新築というのはなかなかなれません。たとえば、夜半にフッと目をさまして新しい天井が目にはいると〝こりゃ、いかん。帰らなきゃ〟と思ってしまいます。どこかヨソの家に泊まってしまったとガクゼンとするのですが、考えてみるとウチなんです」

という。時代のついた天井板をながめつづけたのですから、こんなこともあるのでしょう。

　ここでの寺田栄一は随筆家の肩書。いったい父は何者だったのかと息子は首をひねるのだが、それだけ多方面で活躍していたと受け止めておく。

「名古屋小路」は、名物と言っていい蘭で、のち、私も関わることになるのだが、それは改めて述べる。

　カレンダーを三枚もどして、四十年十月。火災に遭った御園座の話をしよう。この小屋のルーツは、明治二十九年に長谷川太兵衛《たひょうえ》ら芝居好きが創立した名古屋劇場株式会社御園座である。したがって昭和四十年、御園座会館は生誕七十周年にあたり、初めて歌舞伎の顔見世公演が実現した。毎日新聞が十月初旬の夕刊で記念企画「なごやの芝居　70年　御園座を語る」と題した座談会を組んだ。出席者は、父や殿島、原陵《たかし》、御園座の社長に就いて間もない長谷川栄一ら。太兵衛の孫にあたる。

　父の参加は、労咳が快復した証ともいえ、集まりの場で次のように発言、喜びを隠しきれない様子だ。

●……太兵衛さんらが「わしらの小屋にいい芝居をかけ、みんなで楽しもう」との趣旨で御園座は生まれた。長谷川栄一さんも同じ、損得抜きで芝居が好き。最近は交通の発達もあって中津川や浜松など近在からも人が来るようになった。

そして今月、初の顔見世だ。十月が名古屋、十一月が東京、十二月が京都南座といったぐあいに、顔見世が三都に定着する。

今ではメ~テレが通称になった名古屋テレビ。中区橘に本社、スタジオなどを併せ持った新社屋を完成させたのも四十年十月だ。愛知、岐阜、三重の三県をエリアに持つ民放としては、CBC、東海テレビに次ぐ後発局。まだアナログで、11チャンネルだったことから月刊の広報誌「若い11」を発行しており、八月一日のそれは移転の記念号。ここでも父は随筆家の肩書で「風流鍋料理」と「味覚の秋——川魚雑記」を寄せた。

新社屋完成記念番組にも出演している。

番組はまず、西川鯉三郎らが祝儀物の「寿三番叟」を踊り、続いて愛知県知事の桑原幹根、名古屋市長の杉戸清に父が加わって座談会「名古屋今昔」を真新しいスタジオで録画、放映となった。

名タイは父を食べ物評論家とも表し、名古屋テレビは鍋と川魚のエッセイを依頼した。名古屋の栄さまは、一流料亭の御曹司だったのだから、舌が肥えているのは言うまでもない。

高校演劇の審査員を引き受けていた頃は、演劇部の顧問の教師たちが、昼食の店屋物——かつ丼や天丼を待ちかね、舌鼓を打つ姿を尻目に箸も付けずに帰って来るし、結核療養所では相部屋の患者が、国はこんな贅沢な料理を出して大丈夫かと、厚生省の予算まで心配する〝配膳〟に、栄養を摂らねばならぬ病気だからと無理矢理口へ押し込む有り様。新聞記者に、好きな食べ物は何ですかと問われれば、こう返す。

「旨い料理が好きです。不味いものは嫌いです」

母は、何を馬鹿なといった顔つきだったけれど、味をテーマにしたエッセイを、しばしば書いてはいた。


昭和四十一年一月二十日付、愛知麺業新聞。

　きしめん昔噺
●……わたしの〝きしめん〟好きは、きのうやきょうに始まったことではない。小学生の頃、祖母に連れられて熱田さまへ行くとよく立寄った「やま善」という饂飩屋。ここの〝きしめん〟はたしかにうまかった。
大須の観音さまの、お堂の前を元新地の方へ……、若松町まで行かないまでの右側にあった「米友《こめとも》」もうまいので評判だった。廓がまだ近くにあったせいもあるが、こぎれいな店で、いつも繁盛していた。

大正の中頃から、昭和のはじめにかけて、よく出掛けたのは、小田原町の、長者町の角から西へ行った「みよし屋」である。先々代杵屋喜多六さんのところへ、長唄を習いに行っていたので、しばしば喰べに通った。やや小盛ではあったが喰べざかりのわたしは、そこの〝きしめん〟を十杯ずつ平らげるのが常だった。

が、しかし……、それにもまさる……、相弟子中での大食漢は、ごぞんじの三国一朗君のお父さんで写真家の三国庄次郎さんだった。彼も必ず十杯、驚くことに、その一杯ごとに鶏卵を洩れなく一つずつ割込んで喰べていたからである。

「みよし屋」は、私の中学生くらいまでは、まだ在ったはず。三国一朗は、テレビ草創期のタレント、放送作家でもあった。この父子は、三国とも三國とも書くが現在は後者を使う。

きしめん好きの文豪は谷崎潤一郎だ。小山内薫を介して知り合った大谷崎から、きしめんの旨い食しかたを尋ねる速達が届いたのは、昭和三十二年。熱海市の住所で十二月九日とある。父はすぐ、きしめんを送り、乾麵のゆで方、生麵の場合は……など説明の手紙も添えたらしい。再び十四日付で丁重な礼状が届いた。ただし文末に（代）とあるところをみると妻の松子か、秘書、マネージャーにあたる人の代筆だろう。谷崎は三十四年頃から右手に疼痛や麻痺が生じ、三十五年には狭心症の発作も起こして「瘋癲老人日記」や「台所太平記」などは口述筆記だ。ペンを握ることが辛くなり始めたと受け止めていい。二度目の手紙には、お礼にと文藝春秋新社「幼少時代」の改版を送ったとあり、人柄が偲ばれる。
芥川の自死から三十八年が過ぎた四十年七月三十日、谷崎没。墓は同じ慈眼寺。背中合わせに墓石が立っている。

東海地区で発行された雑誌やチラシを調べてみた。

冷奴

●……なかでも豆腐本来の持ち味を堪能できるのは、冬の湯豆腐……、夏の冷奴だと、ぼくは信じている。

鮎

●……六月も末になると、もう鮎が大きくなるので、頭と、ある部分の骨が硬く口の中で邪魔になる。芸者や料理屋の女中が心得顔で「骨をお抜きしましょう」と、せっかくの鮎をグシャグシャ、台無しにしてしまう。そんなことをする女たちもさることながら、ヤニ下がっている客も客だと、腹が立つ。

とんかつ

●……久保田万太郎先生が、いちばんお好きだったのは〝とんかつ〟で熱燗を召し上がることだった。

わたくしも、これにならって〝とんかつ〟は大好物。頭にかけて諸々方々のそれを喰べて巡った。

そして、出た結論は、やっぱり、ここの家……、すなわち〝石川〟のとんかつがどこのものよりも、もっとも美味しく、誠実さがこもっているということである。

とんかつの「石川」は、CBCに近く、局の御用達。名タイの記者として広報担当者に馳走され、私がCBCに転じれば逆に、放送担当の記者を昼飯に誘う広報マンをも経験したのだった。

食道楽だった父の書き物を、かいつまむ形とはいえ長々と転用したのには理由がある。料理には一家言を持つ父が、さほど執念を見せなくなったのだ。ばかりか、私が大学三年に進んだ昭和四十四年あたりから食が細くなり、誰の目にも分かり始めたのである。

膵癌が見つかった。沈黙の臓器だけに発見が遅れ、肝臓にも転移して手術すらままならない病状。不治という意味では結核を凌ぎ告知など考えられもしない時代だ。主治医と相談の結果、父には十二指腸潰瘍で通すことになった。

愛知県がんセンターに出たり入ったりの生活を繰り返す。幾分、調子が良ければ一時帰宅も許されたし、伊勢、福島、愛媛の患者もいて、〝修学旅行〟の計画を立てていたのは父らしいが遂に実現することは無かった。慰めといえば、やはり患者に名古屋都ホテルの従業員がいて近づきになり顔を合わせるたび、ロシア料理などの話で気を紛らわせていたことくらいか。

舞台人の父なのに、一時帰宅の際はテレビドラマが楽しみの一つになった。説明するには終戦直後に立ち返る必要がある。

愛知県がんセンターで

父は、御園座に来演する新生新派の中堅や若手の役者に演技指導を行っていた。劇団の総務で演出家の大江良太郎の勧めと劇場の好意で本興行の開く前に花柳章太郎や柳永二郎、伊志井寛らが常連の客を前に芝居をするのだ。名付けて〝中堅座〟。指導したのは三回で、いずれも田中千禾夫の「おふくろ」

「骨を抱いて」「橘体操女塾裏」。新劇ファンには懐かしい演目がずらり。

出演者の中に、華奢で清楚なお嬢さんがいた。演技力も確かとあって父は大層、気に入り、三作とも中心的な役を振って協力させた。その女優が、やがてテレビドラマで主役を張るようになる。たまに帰宅を許された父は目を細めて彼女のドラマに見入っていた。

京塚昌子である。主演作はもちろん「肝っ玉母さん」。京塚は盲腸の手術をしてから急激に太ったというが、真偽は定かでない。


演技指導の話題を持ち出したのにも理由がある。本書……父の遺稿をまとめるにあたり、いちばん重点を置きたかったのは演出ノートだ。なのに、それらしきものが一つも残っていない。新劇に関しては、久保田万太郎の補助的な役回りが大部分だったのか。が、曾我廼家五郎劇のそれすらもないし、CK劇団を育てた経緯についても詳しく書き残したものはない。

寺田栄一の演劇観、新劇論を著すとき、これ以上に大切な遺稿は無いのだが、おそらくは引っ越し、建て替え、リフォームを繰り返すうち、蔵書とともに消え失せたのだろう。もしくは本人が処分したのかもしれぬ。父の演出ノートなんぞ換金できるわけではなし、いや、舞台という空間そのものが緞帳を降ろし、大道具の〝バラシ〟を終えれば雲散霧消、観客の心にだけ留まる世界だ。DVDはおろか、フィルムさえ充分に使えなかった時代が即ち、寺田栄一の時代でもあった。

四幕二場で引き合いに出した、宇野重吉による「驟雨」の演出ノートとは、残念ながら価値も違う。

【四幕　五場】

息子が名古屋タイムズの入社試験を受けたのは、卒業直前の四十六年二月。新聞各社の試験は当時、前年の六月の第三日曜がほとんどで、しかし、ろくすっぽ勉強せず芝居と遊びにうつつを抜かしていた新劇かぶれが、全国紙など間違っても受かる筈がない。名タイには確か十三人の受験生があり、採用枠は二人。社長の亀山巌によるコネ入社だった。

それでも一次のペーパー試験は比較的、簡単だった。芸能に関する設問は迷いなく解けたし、中日ドラゴンズを始めとするプロ野球や、大ブームのボウリングの出題もあった。四年間、マイボール、マイシューズで早朝ボウルやリーグ戦に参戦していた身には楽勝。名タイはそういう大衆娯楽紙だったし、何よりも英語の試験が無かったことが落ちこぼれには幸いした。入社後に判ったが、外国語に秀でた管理職がひとりもいない会社だった。

難問といえば、室戸岬は何県にあるかとか、潮岬は、足摺岬は……地理は苦手。台風情報を書くのに欠かせない、社会部記者の常識だったと、これものちに知る。

小論文の課題は「三島事件に思う」。前の年の十一月二十五日、陸上自衛隊の市谷駐屯地で三島は隊員に向かって決起、クーデターを呼びかけたものの隊員は無関心、挫折し、その場で割腹自殺した。名タイの思想的背景が解らない、というより本来、芸能記者が志望だ。大学に入ってすぐ、父に紹介状を書いてもらい新宿の紀伊国屋ホールにＮＬＴの演出家、松浦竹夫を訪ね、三島戯曲「朱雀家の滅亡」を観た後、楽屋で中村伸郎と語り合った思い出。更には卒業直前の三月末、名鉄ホールで三島の追悼公演「サロメ」があり、この舞台を楽しみにしていると、四百字詰め原稿用紙は逃げの一手。採点が芳しい筈は無かったろう。

面接は、初めから重役のそれで個人面談だった。人事課長に部屋へ通されるなり、専務が問う。

「どうだ、親父の具合は」

「はい、十二指腸潰瘍でして……」

「大変だな。見込みはどんな按配だね」

「主治医に任せ、信じるしかない状態です」

虚偽の回答をした受験生は名タイ史上、私しかいまい。

五月。文化部に配属され、芸能欄の記事を書くようになった。うち一つが「名古屋小路」である。

文化部長、鈴木修の業務命令。

「寺田君、何かネタはないか」

「父の話で良ければ」

「ああ、かまわない。いいよなあ、お前は。身内で一丁あがりだ。俺の親父じゃ、そうはいかん」


七月一日付の記事から概略を抜粋。
●……「早いものでここへ来てからもう百四十日になります。院内でも古狸の一人です」と語るのは、十二指腸潰瘍で愛知県がんセンターに入院している演劇ペンクラブ理事の寺田栄一さん。病気が病気だけに食生活に気を配らねばならないが退院したらまず何を食べに行こうかと食指を動かしている。

食生活の心遣いに触れるなど、息子ならではだ、と笑ったのは鈴木。

この月の十二日に一時退院するや、すぐさま十七日付の同じ欄に続編を書く、厚かましい新人記者だ。
●……「日動画廊で高間惣七の個展をやっているので、ぜひ見に行きたい。芝居も観たいし、ぼちぼち三味線の音が恋しくなってきました。また、昔のように遊び回りたいですね」

万年青年はなおも健在である。

堂々たる捏造。どう指弾されても言い訳できぬが、公器で〝膵癌〟と明かせば本人にも知れる。個人情報保護の先取りと自慢しておこう。

病は気から。膵癌の進行を早めた因を探せば、演劇ペンクラブや「ねんげ句会」の仲間を相次ぎ失ったことがあるかもしれない。四十五年七月、殿島蒼人、翌四十六年二月、上野千秋。さらに二か月後、終生の友だった宮田重雄が死去。

四十六年四月二十八日。腎硬化による尿毒症だった。毎日新聞に求められ〝宮田重雄君を悼む〟と題した一文は、子供の頃の話に始まり、次のような締め括りだ。

●……生前の彼は、いろんなことをやって、しかもそれがみな水準以上にできた人だった。文学はわかるし、陶器もくわしく、芝居にも高い見識をもっていた。だが、やっぱり彼の神髄は立派な絵かきだった、と思う。うまくて、立派な画家だった。息子の晨哉君が絵の道をついだとき、一番喜んだのも彼だった。

ぼくはいま病院生活をしている。そのため上京することも出来ず、悲しみはますますつのるばかりである。

私が代理で葬儀、告別式に参列した話は既に記した。この日は日曜で、翌日が憲法記念日だったから、有給休暇をとることもなく、前夜、仕事を終えてから新幹線で東京に向かい、先輩の下宿に泊めてもらった。

父が公の場に登場したのは、奇しくも名タイ。四十七年二月五日付「よろず対談」で、インタビュアーは鈴木だ。見開き五段の扱いは、ほとんどが堀川や「得月楼」の古き良き時代の話で埋められている。鈴木は、堀川の浄化を質問の柱に据えたかったらしいが、杉戸の方策や市議会の有りようには無関心な父である。狙いは空振りに終わった。

「親父さん、堀川のビジョンはあまり無いみたいだな」

「それは無理です。市長の杉戸さんは句仲間で遊び友達ではあっても市政じたいに関心はありません。まあ、きれいな水に戻るよう望んではいましたけど」

取材に応じる父の写真を見ると、笑顔は見せていても、そのやつれように今さらながら呆然とする。

既に父は、死を意識してもいた。

「真白な祭壇に、赤いバラを一輪、活けるだけでいい。戒名は無用。俺は、寺田栄一という名前でずっと仕事をしてきたし、人にも知られてきた。戒名じゃ何処の誰か分からなくなる。骨壺は例の陶器の……」

少しく前から折に触れ口にしており、鈴木のインタビューに応えた約二か月後の四月七日午前零時五十五分、県がんセンターで息を引き取った。あと四週間で満六十八歳。早死にだった。

五月九日付の中経に岡戸武平が「寺田君をいたむ　花のいのち」と題し、しみじみとした文章を綴っている。前年の秋に何回目かの入院をした際の話だろうが、とりわけ終盤、ほろりとさせられる。

●……見舞いに行ったら、

「辞世の句ができたが、上五字がつかん」

といったので、

「それじゃア〝木枯しや〟としたらどうだ、

と返事したら、

「花どきまで命があると困るなア」

と笑っていた。その花どきまで生きのび、花の散るとき寺田君も散ってしまった。心細いこと限りない。これが人生というものか。

友引を挟んだため葬儀、告別式は十日午後一時から東区小川町、現東桜の大法寺で執り行った。東京の文人、画家、演劇関係者、果ては放送局からの花輪を参道に所狭しと並べたが、本堂の脇に置いたのは文学座と杉村春子のそれだった。

式は、父の遺志を尊重し白い祭壇に薔薇一輪。銀の花筒に飾ったが、不満たらたらの葬儀屋を説得しての強行だった。

「お寺さんで行う葬儀には、相応の格というものがあるでしょう。分かりますか。名古屋の文化に名を残した人だし、東京からも参列者があると思うんです。お寺さんに失礼な葬儀は考え直して頂かないと」

これじゃあ儲かりませんと言いたいのが透けて見えるが、葬儀、告別式の日時は決まっていてマスコミ発表も済んでいる。白状すると、領収書の必要が無い十万円をこっそり渡し渋々引き受けさせたのだった。

葬儀委員長は岡戸、司会は名古屋青年劇団の主宰、小林正明。弔辞は岡戸と原。

情感を込め、声を詰まらせてマイクに向かった岡戸の弔辞が耳朶に残っている。

……栄ちゃん、堀川を……こよなく愛した……君は……。

参列者へのお礼の挨拶で私は、次のように述べた。

●……武平さんもおっしゃった通り父は、堀川をこよなく愛して旅立ちました。でも同じくらい……いや、それ以上に母と、私と、弟と……家族を愛してくれていたと、思っています。葬儀の準備を進めるうち、辞世の句が見つかりましたので披露いたします。

〝黄泉に久保田万太郎先生、
宮田重雄君あり〟
冬椿死ぬこといやでなかりけり

最期まで父らしかった。久保田が「得月楼」に滞在の折、流感を患い、布団の中で詠んだ句と同じ季語である。

四十度に上がりし熱や冬椿

我が家の天袋にたった一枚、遺されている宮田の俳画が冬椿だとしたら……。

式後、私のもとに駆け寄ってきたのは、宮田の未亡人、節子である。しかと両手を握り締めた彼女は口に出さずとも、息子の心中は参列者に充分、伝わった、そう告げていると私は受け止めたのだった。

釈尊と迦葉の以心伝心になぞらえては畏れ多いが、「ねんげ句会」の名の由来が〝拈華微笑〟なのだから理解していただけよう。

——幕——

【納め口上】

私はいま、花道に立っている。位置は七三。本舞台から三分、進んだところで、突き当りの鳥屋口に掛かる揚げ幕までが七分だ。

歌舞伎で緞帳が下りた後、舞台前、主に花道で芝居をする演出方法を幕外《まくそと》という。

新劇の場合なら——小山内薫の「息子」が良い。父子を名乗らぬまま、捕吏の呼子を耳にして火の番の小屋を飛び出た息子は、七三で足を止め振り返る。

「ちゃん」

新劇は一般に、緞帳を降ろさず舞台と花道両方の明かりを点けたままだが、幕外の演出を試みるのも余韻を残して一興であろう。

平成五年頃の記憶だ。CBCに転職し、報道部に所属していた私は、グアム島帰りの横井庄一がJR東海総合病院に入院したと聞きカメラマンらと取材に向かった。大した病状ではなく検査入院だったが二分程度のニュースにはなる。インタビューを終え、夫人の美保子との仲睦まじい光景を撮影して引き上げようとしたところ、美保子がしきりに引き留める。

「ここの院長先生、とっても良い方なんです。是非、お会いになって下さい」

取材に来ただけである。固辞したが聞き入れてもらえない。じゃあ、名刺だけでも差し上げてと院長室を訪れた私は、驚きの声を上げた。

「黒柳先生」

父の主治医であった。黒柳弥寿雄院長のきょとんとした顔は当然だ。早速、名刺を渡し、頭を下げる。

「父が、がんセンターでお世話になりました。寺田栄一の息子です」

「おお、寺田栄一さんの。いやあ、これは、これは」

しばし目を閉じた黒柳院長が、言葉を繋ぐ。

「伊志井寛さんや宮口精二さんが見舞いに来られた時は病棟中が大騒ぎだった。テレビに出ている人だと」

伊志井は昭和三十四年からTBS「東芝日曜劇場」の人気シリーズ「カミさんと私」で京塚昌子と共演。宮口は黒澤明の「七人の侍」に出たほどの役者である。がんセンターが沸き立ったのも道理。が、今度は美保子がポカンとしている。無理もない、横井が発見され、恥ずかしながらと帰国したのは、父が亡くなる二か月前である。

「まあ、ソファにお掛けなさい」

「申し訳ありません。これから会社に帰って編集し、夕方、すぐ放送なんです」

「うーむ、そりゃあ、残念。時間を見つけてゆっくり遊びに来てください」

「ありがとうございます。必ず」

言いつつ主治医にさえ非礼な息子である。黒柳医師も既に他界、横井もまた、この世の人ではない。


父を知る芸能関係者は、国際文化研究所所長などの要職にある、藤井知昭、ボストン美術館の元館長、馬場駿吉、いけばなの石田秀翠、NHK出身の演出家、伊豫田静弘、それに文学座とCK劇団の絡みを辿れば、天チンこと天野鎮雄と山田昌夫妻、それにシンマちゃんこと新間正次……。栄一は、藤井の父、藤井制心とも関りが深く、馬場は現在、名古屋演劇ペンクラブの理事長で「ねんげ句会」にも所属している。

父を〃名古屋の栄さま〃と慕った杉村春子が九十二歳の生涯を閉じたのは、平成四年四月四日。父の死から四半世紀。命日は栄さまの三日前である。さらに因縁めくのは、〃お春さん〃も膵癌。けれど周囲は十二指腸潰瘍で押し通し、事実を知らされていたのは戌井市郎や北村和夫、志を継いで現在、文学座の代表を務める江守徹ら僅かだった。

早いもので、父、寺田栄一が旅立って半世紀を迎えようとしている。忘れ去られた存在かも知れぬが、名門料亭を一軒つぶしてなお、東京と名古屋の文化を結んだ道楽者がいたことを心の片隅に止めおいていただければ息子は、この上なく嬉しい。

堀川と納屋町に限りない愛着を抱き続けた〝名古屋の栄さま〟にとって、一番の幸いは「鳥久」……いや、文化の香りに満ちた名門「得月楼」の焼失を知らぬままでいること。そう信じたくはある。

七三で振り返り、「ちゃん」と呼ぶなど、気恥ずかしい。

そろそろ息子は、鳥屋口に引っ込むとしよう。

参考

河竹繁俊著「日本演劇全史」（岩波書店）
河竹繁俊監修　早稲田大学演劇博物館編「演劇百科大事典」（平凡社版）
「ある句会　ねんげ俳句会半世紀」（丸善名古屋出版サービスセンター）

〈著者紹介〉
寺田　繁（てらだ　しげる）
昭和二十三年一月、名古屋市生まれ。
四十六年、日本大学芸術学部演劇学科卒。
名古屋タイムズ社入社。
平成二年から中部日本放送（ＣＢＣ）勤務。二十年一月、定年退職。
文芸同人雑誌「北斗」同人。「中部ペンクラブ」理事。

名古屋の栄《えい》さまと「得月楼《とくげつろう》」
父の遺稿から

定価（本体1600円+税）

乱丁・落丁はお取り替えします。

2021年10月4日初版第1刷印刷
2021年10月8日初版第1刷発行
著　者　寺田繁
発行者　百瀬精一
発行所　鳥影社 (www.choeisha.com)
〒160-0023 東京都新宿区西新宿3-5-12トーカン新宿7F
電話 03-5948-6470, FAX 0120-586-771
〒392-0012 長野県諏訪市四賀229-1（本社・編集室）
電話 0266-53-2903, FAX 0266-58-6771
印刷・製本　モリモト印刷

ISBN978-4-86265-921-7 C0074